李平金与江西省原副省长胡振鹏（右二）合影

全国工商联聘请中快餐饮集团党委书记李平金为餐饮委员

全国工商联聘中快餐饮集团党委书记李平金为餐饮委员

2008年，李平金在北京香山华佗CEO论箭会上，接受国家中小企业协会会长李子彬颁发证书合影

2019年7月7日中快餐饮集团高层成长会合影

中快餐饮集团股东在深圳注册合影留念

李平金和中快餐饮集团新任董事长李四星合影

李平金和美国营销大师
科特勒合影

1998年李平金和九江县高修
庭副县长在堵口复堤工地合影

李平金与桂林冶金地质学校老班长刘家春
回校参加校庆合影

李平金与江西有色地质勘查局老领导闵学辉、龚登球、祝焕群合影

李平金母亲朱贵珍80岁生日聚会全家合影

李平金与夫人宋晓春合影

中快餐饮凭什么赢：李平金传

赵付春　李淑婷　著

浙江大学出版社

图书在版编目（ＣＩＰ）数据

中快餐饮凭什么赢 ：李平金传 / 赵付春，李淑婷著
. -- 杭州 ：浙江大学出版社，2020.12
ISBN 978-7-308-20780-5

Ⅰ．①中… Ⅱ．①赵… ②李… Ⅲ．①饮食业－商业
管理－研究－中国②李平金－生平事迹 Ⅳ．①F719.3
②K825.38

中国版本图书馆CIP数据核字(2020)第223398号

中快餐饮凭什么赢：李平金传

赵付春　李淑婷　著

责任编辑	谢　焕	
责任校对	张一弛	
装帧设计	云水文化	
出版发行	浙江大学出版社	
	（杭州市天目山路148号　　邮政编码　310007）	
	（网址：http：//www.zjupress.com）	
排　　版	杭州林智广告有限公司	
印　　刷	浙江印刷集团有限公司	
开　　本	710mm×1000mm　1/16	
印　　张	13.75	
插　　页	2	
字　　数	197千	
版 印 次	2020年12月第1版　2020年12月第1次印刷	
书　　号	ISBN 978-7-308-20780-5	
定　　价	68.00元	

序

张柳华

李平金先生与我是同龄人。对他和深圳中快餐饮集团有限公司（以下简称"中快餐饮"）的创业精神和发展故事，我之前已经多有了解。通过阅读这本书，我对中快餐饮有了更深的认识。

中快餐饮能有今天的成绩，是李平金所领导的全体中快人的骄傲，也从一个侧面见证了改革开放以来中国高等教育事业的大发展。恢复高考以来，中国高校规模不断扩大。1998 年，在校学生人数仅 340.87 万人，高等教育毛入学率不过 10%。而到了 2018 年，在校学生已经达到 3833 万人，毛入学率达到 48.1%。这是一个巨大的成绩。而这一成绩的取得，离不开以中快餐饮为代表的高校餐饮企业的大力支持和配合。

《中快餐饮凭什么赢：李平金传》详细记载了李平金个人的人生经历，包括他早年艰苦的岁月，让经历过那个年代的人有强烈的共鸣。在那个特殊的年代，有很多像李平金一样热衷学习的人没有机会上大学，这是一种不幸。但对李平金来说，艰苦环境的磨炼，却让他有了不怕困难、奋发图强的精神。他通过不断努力，不仅补上了大学这一课，还为中国众多大学提供服务，为大学的发展做出了自己的贡献。这不由得让人感叹人生奋斗的价值。

在我看来，这本书，首先非常适合高校餐饮界业内人士阅读。中快餐饮是中国高校餐饮的知名品牌，李平金作为中快餐饮的创始人，为其注入了哪些独特的文化基因呢？中快餐饮是如何做到今天这个规模的？未来还将可能朝哪个方向前进？中快餐饮是高校餐饮界的一个成功案例，是业界的领头羊，业内人士阅读此书定有可借鉴之处。

广大的企业管理研究人员，也有必要读一读这本书。通过这本书的介绍，读者可以了解中快餐饮作为一家创业企业，在发展过程中是如何吸收中外管理思想，不断加强企业管理，创建学习型组织，调动员工积极性，最后实现全国连锁化经营、标准化生产、规模化采购的。同时，对于李平金这位企业家，对其独特个性和人生经历在企业发展过程中起到的作用，这本书也在很多方面进行了深入挖掘，可以作为典型案例向读 MBA、EMBA 的人士，以及青年创业者介绍。

"民以食为天，食以安为先。"学校食堂的餐饮是个民生工程，也是个健康工程。全国高校食堂总数超过 1 万家，服务的师生达 3000 多万人，而全国的中小学生更是有 2 亿多人，就餐人数巨大，因此，食堂餐饮业与中国普通老百姓的身体健康息息相关，其食品安全问题关系亿万大众。由此看来，关心中国食品安全和食品供应链管理的人士也应当读一读这本书。中国团餐行业近些年来的飞速发展，很大程度上是由像中快餐饮这样的大型企业在引领着行业潮流。通过从源头上加强对食材的管理，筑牢食品安全堤坝，才使得中国食品安全日益得到保障。像中快餐饮这样一批团餐企业成功了，它们做出的经济贡献仅仅是一个方面，我们更应该关注它们做出的社会贡献。

我还觉得，负责餐饮行业监管的公务员们也可以读一读这本书，以帮助他们在制订行业监管政策时，综合考虑餐饮企业的实际情况，了解企业家和企业的客观需求，从而推动这一行业健康、可持续发展。

不仅如此，李平金作为一名成功的民营企业家，他的创新拼搏精神、他对行业的坚守，以及他"活到老，学到老""生命不息，战斗不止"的精神，对今天的青年人也有很大的学习借鉴价值，通过阅读这本书，他们一定会有所收获和感悟。

这本书对中快餐饮成功的经验进行了很好的总结。我相信，深圳中快餐饮集团有限公司在实现新老班子交接之后，面对新环境下的中国餐饮业，新的领导班子一定能在此基础上不断开拓创新，为学校餐饮业、中国的团餐业做出新的、更大的贡献！

（作者系中国教育后勤协会常务副会长、

中国教育后勤协会伙食管理专业委员会主任，中国政法大学原副校长）

引言

认识李平金

十多年前，笔者就已经听家乡人说，星子县出了个能人李平金，他牵头创办的星星餐饮公司（中快餐饮的前身），把本县的村民都带动了起来。大家在中快餐饮工作，到全国各地承包经营食堂，发家致富，闯出了一番新天地。

曾经的星子县 [①]，是江西九江市下辖的一个小县。论土地面积、人口、经济总量，星子县在全国 2800 多个县市中毫不起眼，但星子县自古人文荟萃，随手拿出几件"宝物"来，就可以说是名闻遐迩、有口皆碑。

星子县的"宝物"首推香炉峰瀑布，这里是诗仙李白写下不朽名作《望庐山瀑布》的所在地，星子县的秀峰景区占尽庐山山南之美；第二件"宝物"，当属东晋大诗人陶渊明的故里，田园诗始祖在此写下"采菊东篱下，悠然见南山"的名句，流芳百世；第三件"宝物"，要算南宋理学家朱熹在此创办的"白鹿洞书院"，名盛一时，让当时天下读书人趋之若鹜。

上天的恩赐不止于此，星子县还位处中国最大的淡水湖——鄱阳湖西岸。踞名山，傍大湖，星子"物华天宝，人杰地灵"之誉当之无愧。

然而就是这样一个 20 多万人口的小县，竟有 2 万人在中快餐饮工作。如果再算上由中快餐饮带动从事团餐行业的其他星子人，这一数字会更加庞大。而这一变化，都是最近二十多年的事。

仅仅从一个县域看中快餐饮的影响，显然会有些狭隘。我们可以参照的是整个中国团餐行业的数据。中快餐饮目前已跻身中国团餐行业前三强。国

---

① 2016 年 5 月，通过行政区划调整，星子县改为庐山市。"星子"的名字则由原下辖的蓼花镇继承，为星子镇。

内高校有 2900 多所，中快餐饮已进入其中的 500 多所。在高校餐饮这块市场中，中快餐饮是规模最大的连锁企业，每天为全国数百万学生提供餐饮服务。

那么，李平金带领的中快餐饮是如何进入市场的呢？又是如何做大做强的呢？带着这个疑问，2019 年年底，笔者走进了中快餐饮在深圳的总部，接触了创业团队和中高层管理人员，与他们进行了深入访谈，得到了对李平金的初步印象：

第一，他是个爱学习的人。他平日里的爱好就是读书看报，真正做到"活到老，学到老"。

第二，他是个非常有闯劲的行动派。他对事业的开拓具有一般年轻人都比不上的激情；他坚定地对准事业目标前进，从未被困难吓倒。他崇尚行动，厌恶空谈，是个实干家。

第三，他是个爱才惜才的当家人，知人善用。中快餐饮的成功是群策群力、大量吸引人才的结果。企业核心骨干成员的引进和培养都与他直接或间接相关，很多干部是他一手培养出来的。他了解每个人的特长，并将其放在合适的岗位上。

第四，他是个善于调动团队热情的高手。面对文化程度高低不一的员工，他每次讲话和授课都深入浅出、贴近人心，每次都让听者激情澎湃，感觉受益匪浅。

第五，他是个孝子。家中兄弟姐妹 8 人，李平金是长兄，父亲逝世后的 30 年中，母亲的生活起居大部分时间都由他照料。他对母亲的孝顺，有口皆碑。他特意将母亲安置在自己办公楼附近的一套住房中，目的是方便自己每天能去母亲处看望问安。

说实话，在公司内部听到如此大量的赞誉之辞，我并不感到意外。在一个成功的创业型企业家身上，我们总会发现其具有的独特人格魅力。国外有爱迪生、福特、乔布斯等，国内有任正非、柳传志、张瑞敏等。用社会学家韦伯①的话来说，这叫克里斯玛 (Charisma) 人格特质。这个词原指上帝对某人有特别的恩宠，赋予了他智慧和能力，让其他人愿意终生追随。纵观历史，确实可以找到很多这样有人格魅力的人物。

当然，这种"人格特质"理论也受到了很多人的质疑。例如历史学家许倬云②就认为不存在"天生英明"这种事，而且人类历史上很多领袖就是因为过度自信而犯下了严重错误。相反，领袖们在成功之前，都是经过一番非同寻常的磨砺的。这方面，孟子"生于忧患，死于安乐"的论述最为中国人所熟悉。

从李平金的人生经历，我们可以发现他体现了这两种观点的综合。生于1953年的他，经历了诸多苦难。李平金的少年生活可用"饥寒交迫"来形容。但是我们也看到，同时期经历这样生活的人很多，但最终能够脱颖而出、成功创业的只有少数，李平金就是其中的佼佼者。

特殊的年代虽然耽误了李平金接受正规国民教育的机会，但是生活的艰辛却培育了他吃苦耐劳、勤俭节约的习惯，以及不屈不挠的个人意志和不断进取的工作作风。

正因为有这些积累，李平金在青壮年时抓住了中国全面启动改革开放的时机。他首先是在体制内把握住了机会，小试牛刀，积累了比别人更多的管理经验。他由江西有色地质勘查局机关办公室小干事做起，后来被调到印刷厂当厂长，到招待所当所长。接着，他决定"停薪留职"，"下海"到贵溪县（今贵溪市）去承包企业。勇敢迈出了走向市场的第一步后，他率先尝到了市场化的甜头，成为先富起来的一批人。继而，在创业团队的支持下，他在不惑之年创办了"中快餐饮"这个品牌，通过大胆探索，先人一步，抢占高校餐饮这块市场，从江西走向全国，成长为行业的龙头企业。

今天的李平金，由于年龄和身体的原因，已经功成身退，宣告退居二线，

---

① 马克斯·韦伯（Max Weber，1864 — 1920），德国著名社会学家、政治学家、经济学家、哲学家，是社会学三大创始人之一，组织理论之父。

② 许倬云，江苏无锡人，1930 年 7 月出生，美国匹兹堡大学荣休教授、台湾"中央研究院"院士，当代历史学家。

将公司经营重担交与弟弟和同事，自己一心从事企业文化建设工作。其用意，当然是为了培养接班人，扶上马，送一程，从而妥善解决家族企业接班人的问题。目前他在企业的角色，正如现任董事长李四星所说：如果把整个中快餐饮比作一艘船，他就是这艘大船上的"压舱石"。

在中快餐饮的采访调研中，让人印象尤为深刻的是，我见到很多与李平金有着类似经历的干部员工，他们的年龄、性格、专业等各有不同，但是在价值观、为人做事等方面，有着明显的中快餐饮风格。我相信这其中既有制度的作用，更是企业文化潜移默化的熏陶使然。在经济和技术快速发展的今天，对于一家餐饮企业而言，企业文化才是最具长久生命力的积淀，可算是企业创始人留下的最重要的财富。

在与中快餐饮干部员工的交谈，以及深入阅读内部资料的过程中，笔者不由得多次心生感慨：就是这样一支多数文化程度在初中及以下水平、可能被很多大城市人视为"农民工"的队伍，经过二十多年的磨炼，竟培养出了两万多名厨师、两千多名企业管理人才，"农民工"最终成长为餐饮行业的专业人士、社会的栋梁之材。经过不断的实践、培训和再教育、再实践，现在这支"农民工"队伍所具备的专业能力和企业经营管理水平已经今非昔比。

归结起来，中快餐饮之所以有今天，源于两股强大力量的交汇：一是中国的市场化进程和经济环境的改革发展大势；二是李平金身上体现出的企业家精神所带来的强大创造能力和组织效率。

自1992年以来，中国强势启动新一轮市场经济的全方面改革，不仅将市场向外资和民间开放，同时推动了各级行政事业单位的后勤体制改革：改变原有"全能式"的单位后勤功能，将部分服务进行外包，以减轻机构过于庞大、负担过于沉重的包袱，实现减员增效。政策的松绑给市场留出了空间，市场力量如熊熊火焰，逐渐融化了体制的坚冰，改变了原有单位自营食堂服务质量差、菜品少、长年亏损等老大难问题。

另一方面，竞争性的市场经济是由企业家带头推动的。在团餐行业涌现出了李平金这样的企业家，他们凭借敏锐的市场嗅觉，发现这其中存在的巨大商机，先人一步，积极开拓市场，从而推动了后勤体制的变革，改变了这一行业的旧面貌，改变了人们对食堂的认知。

企业家的本质是什么？这个问题已经为无数人所问过。

经济学家熊彼特[①]是企业家研究中的里程碑式人物，他第一个把企业家从经理、企业主、资本家等身份中独立出来，提出企业家的职能是实现"新组合"。他认为企业家通常有三种动机：建立私人王国、征服和创造。在其名著《经济发展理论》中，他用激昂的文字写下了一段会激起人们同感的话：

首先，存在有一种梦想和意志，要去找到一个私人王国，常常也是一个王朝。现代世界实际上并不知道有任何这样的地位，但是工业上或商业上的成功可以达到的地位仍然是现代人可以企及的最接近于中世纪的封建贵族领主的地位。对于没有其他机会获得社会名望的人来说，它的引诱力是特别强烈的。（商务印书馆，1991 年）

因此，企业家的职能，除了经济意义上的，还有社会意义上的。企业家创办企业，从经济意义上看，是对各类资源的优化配置和创新，从直接目的上看，是为了赢利，但是从社会意义上看，他同时还组织一批人建立了一个相对独立的王国。在这样一个私人王国中，企业家可以根据自己的标准选拔和培育人才，运筹帷幄，排兵布阵。他们是企业的精神领袖、教导者和指挥员。

中快餐饮让我印象最深刻的，除了其快速的行动能力，就是李平金作为创始人搭建的一个食堂业学习交流平台。这个平台使两万"农民工"转变为具有烹饪专业知识的技术人才。把他们的潜能发挥到最大，最终成就了一个全国连锁的团餐企业。因此，在我看来，李平金不仅创办了一个高效运作的企业，而且还创办了一所餐饮专业的大学；不仅教员工餐饮专业技术知识，而且还教餐饮管理能力和做人道理。

李平金的个人奋斗史对于今天年轻的创业者来说，可能听上去有些"草

---

① 约瑟夫·熊彼特（Joseph Schumpeter, 1883-1950），奥地利裔美国经济学家，哈佛大学教授，其代表作有《经济发展理论》《资本主义、社会主义与民主》《经济分析史》等

根"，有些陌生，但是他身上体现出来的企业家精神却是一个永恒的存在。

复旦大学苏勇教授在一次演讲中说了一个非常有见地的观点："没有永远的企业，只有时代的企业。"在未来，中快餐饮无法简单复制过去的经验，面对互联网经济、全球化时代，关系亿万大众的团餐行业更需要新一代的年轻企业家去不断创新，创造性地解决变化升级的社会需求。

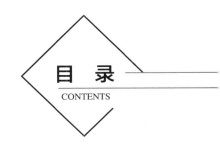

目 录
CONTENTS

第三篇　创造与梦想

第一篇

成长与磨砺

我们童年和青年时代的行动与事件，等到某个回顾的时刻，它将会像熟透的果实一样脱落下来。一刹那间，它被提升了高度，改变了形状，短暂平庸的事物被赋予了不朽的性质。

——【美】R.W.爱默生

第一章

早岁世事艰

生于计划经济年代的农村—勤俭正直的家风—饥饿中成长—接受高小教育—学习农业会计—农中解散辍学。

李氏家族

江西省九江市，庐山南麓，鄱阳湖西岸，坐落着一个名字富有诗意的城市——庐山市（原星子县）。

1953 年 3 月 13 日（农历正月二十八日），李平金出生在庐山市蓼南乡渚溪村。

李平金的祖父李仕铭、祖母陈秀英，生育五子二女，五子分别是李代振，李代国，李代朝，李代节，李代义，二女为李大冬，李小冬。对家中未出生的孙辈，李仕铭早已选定名字。李，是姓氏。平，是辈分，按出生的先后用"荣华富贵，金玉满堂"中的一个字为姓名最后一个字。所以李平金未出生，就已经确定了这个名字。

李家的先辈们言传身教，形成并传承了优良的家规家风。在李平金的成长过程中，祖父、祖母、伯伯、叔叔、父母，对他的影响都很大。

李平金的祖父李仕铭、祖母陈秀英肖像

1988年，李平金的大伯父李代振（前排右一），二伯父李代国（前排左一），父亲李代朝（后排中），大叔李代节（后排右一），小叔李代义（后排左一），五兄弟在星子县老家合影

2009年李平金与堂兄弟的合影
第一排从左至右：李平满 李平金 李平富 李平荣 李平华 李平贵 李平玉 李平堂
第二排从左至右：李四星 李小平 李平波 李德兴 李三星 李平一 李平勇 李平昌
第三排从左至右：李宝龙 李清龙 李斌龙 李五星 李平三 李润生 李平二

李平金从他们身上学到了勤劳、诚信、奋斗、包容等中华民族传统的优秀品质，并逐渐形成了自己独特的为人处世风格。

李平金的祖父李仕铭在当地是个不一般的人物。他读过私塾，经过商，到南昌、武汉、九江等地购过货，是一个走南闯北的商人。见过世面的李仕铭有自己的一套处世哲学和生活经验。他不像别的老人那样一味操持家中的生活琐事。在他看来，儿女们长大成家，各有事做，他就不用再去干家务了。他要做的事就是在安享晚年的同时，重点抓好孙辈的教育，把自己在岁月沉淀中悟到的道理和智慧，通过耳提面命点滴传授给后代。

在孙辈的眼中，祖父李仕铭是一个严厉的人。顽皮的小孩犯了错就会被叫到他面前进行训教。他对后辈的管教严格且有章法，在批评之前总是先讲道理，让人心悦诚服。

有一次，李平金的父亲李代朝气急之下直接拿起筷子敲打李平金的脑袋。李仕铭在旁边看到了，便骂李代朝"蠢崽"，说：打小孩要会打，要用竹片打屁股，这样既能让小孩感觉到疼，又不会对他造成身体上的伤害。脑袋打坏了怎么办？打小孩的目的是教育孩子，而不是发泄自己的怒气，只有先讲清道理，再附加惩罚，才能让小孩子受教育，长记性。

祖父李仕铭扮演着家中族长的角色，他毫无保留地用自己的人生经验指导儿女，教育孙辈，管理家族。李仕铭曾说：人在社会上要出人头地，必须要达到"三惊人"：一是要一貌惊人，出门在外要注意个人仪表，无论长得美丑，外表都要干净整洁，站立时要挺胸直腰，面带笑容；二是要一笔惊人，写字要按格式书写，字如其人，笔画漂亮，文章精彩，给人启迪；三是要一言惊人，要抓住问题本质，善于表达，能把自己想说的意思讲清楚、讲透彻。经商出身的李仕铭，用自己的人生经验指引着家族前行，把自己的人生感悟传授给子孙后辈，对早年的李平金产生了潜移默化的影响。

大伯父李代振，为人勤奋，办事公道，是村大队的党支部书记。二伯父李代国时任星子县商业局局长，在李平金的印象里，他是个公私分明、不谋私利的人。小叔李代义原为本县白鹿乡卫生院医生，1962年精简机构被下放后失去了正式医生工作，正规卫校毕业的他，便一直在本村以行医为业。大叔李代节当过民兵排长，他想让二哥帮忙找点事做，李代国硬是没有答应。

李平金的这位二伯父就是这样一位坚守原则的老派干部，他严格执行政策制度，主张做事创业要靠自己奋斗，"托关系、走后门"这一套在他那里根本行不通。

原星子县西宁老街是李平金二伯父
李代国在县商业局任职时的办公地

李平金父亲李代朝、母亲朱贵珍合影

当时的县商业局地处星子县最为繁华的西宁街，李平金记得儿时第一次去二伯父工作的县商业局时，心灵受到了前所未有的冲击。他头一次发现县城与农村之间的巨大差别：街上人来人往，商品齐全；花岗岩铺成的路面与农村的泥土路相比有天壤之别；干部在楼房里办公，其着装、言行与神态，远非面朝黄土背朝天的农民所能比。年幼的李平金看着眼前的一切，向往着这种工作和生活。正是这种想跃出农门、过上城里人生活的渴望，让他在人生道路上多次做出进入城市的选择。

李平金的父亲李代朝和母亲朱贵珍生育的五个儿子是：李平金、李平满，李三星，李四星，李五星，生育的女儿是李宝春，李杏春，李金春。三弟原取名为李平财，老四和老五分别叫李四星、李五星，后来老三李平财干脆也改名为李三星了。"联星串珠""星星之火，可以燎原"，这正是李平金兄弟后来创办的第一家餐饮公司命名为"星星餐饮"的原因。到如今，李平金和兄弟姐妹的子女们都已成家立业，进入城市经商，整个家族人丁兴旺，已发展成为一个枝繁叶茂的大家族。

李平金的父亲李代朝，是当地一位有名的船长，他曾带领着一支船队在鄱阳湖里打鱼谋生。他只读过两年书，识字不多，但头

李平金母亲80岁生日全家福

脑灵活，是行船打鱼的行家，得到了船队和乡邻的尊重和拥护。他是一个十分勤劳的人，为了一家人的生计，为了养活李平金兄弟姐妹，打鱼、卖鱼、种地，尽着做丈夫和父亲的责任。在李平金看来，父亲对他的教育，都是自己从父亲的行为中体会的。

李平金印象很深的一件事是：有一次，他和父亲一起到离家数公里的蓼花粮站购买粮食，路上经过包子铺，两分钱一个的包子，父亲只买了两个，却都给了李平金。李平金对父亲说："你一个，我一个。"但父亲却摆摆手说："我不饿，不想吃。"

李平金回忆起这件事，至今都很内疚："他哪里是不饿？正值壮年，饭量比我大，他是舍不得花钱再多买2个包子啊！"这件事已经过去五十多年了，李平金依然记得特别清楚。父亲对子女的疼爱，给李平金和弟妹们留下了许多的回忆。

蓼南乡渚溪村李氏祖先最早是从甘肃迁移而来的，几经辗转，大约在清乾隆年间定居现址，到李平金这一代已是第十代。李仕铭和李仕钰兄弟的孙辈们继承优良家风，在一百多人中，大学生（包括硕士生、博士生）、企业高

李仕铭、李仕钰兄弟后人2003年聚会全家福

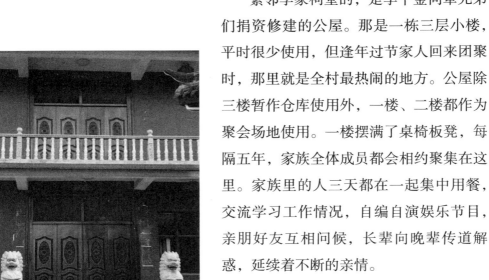

李平金等捐资修建的公屋

级经营管理人才和县处级领导干部共计二十余人，这个村庄也成为远近闻名的富裕之村、才子之村、文明之村。

紧邻李家祠堂的，是李平金同辈兄弟们捐资修建的公屋。那是一栋三层小楼，平时很少使用，但逢年过节家人回来团聚时，那里就是全村最热闹的地方。公屋除三楼暂作仓库使用外，一楼、二楼都作为聚会场地使用。一楼摆满了桌椅板凳，每隔五年，家族全体成员都会相约聚集在这里。家族里的人三天都在一起集中用餐，交流学习工作情况，自编自演娱乐节目，亲朋好友互相问候，长辈向晚辈传道解惑，延续着不断的亲情。

公屋一楼大厅墙壁上挂着明代理学家王阳明先生《教条示龙场诸生》里的良言警句：

立志：志不立，天下无可成之事。虽百工技艺，未有不本于志者。今学者旷废隳惰，玩岁愒时，而百无所成，皆由于志之未立耳。故立志而圣，则圣矣；立志而贤，则贤矣。

勤学：已立志为君子，自当从事于学，凡学之不勤，必其志之尚未笃也。从吾游者，不以聪慧警捷为高，而以勤确谦抑为上。

改过：夫过者，自大贤所不免，然不害其卒为大贤者，为其能改也。故不贵于无过，而贵于能改过。

责善：责善，朋友之道，然须忠告而善道之，悉其忠爱，致其婉曲，使彼闻之而可从，绎之而可改，有所感而无所怒，乃为善耳。

"立志、勤学、改过、责善"，在公屋张贴这些古圣先贤的教诲是家族对年轻一代的教诲与期望，也体现了李家严谨务实的家风。靠近楼梯的墙面上还挂着"李氏家规"和"仁、义、礼、智、信"等内容。这些家规由家族理事会拟定，经过家族全体成员的共同修订，作为李氏子孙人人恪守的行为规范，为家族这艘亲情大船的前行校正方向、保驾护航。

公屋的二楼北侧建有一个小型舞台，两边悬挂着红色的帷幕，作为家族举办小型集体活动使用。聚会时，李家有时候会举办一些小型演讲会、报告会，自娱自乐表演些节目。一方小舞台，见证了李氏家族的欢乐时光，一幅邻里相亲相爱、其乐融融的画面总会跃入眼帘。

在外赚了钱回老家建新房，这是江西农村的传统习俗，有古人"衣锦还乡"的意味。早在1988年，李平金为父母盖起了村里第一幢两层新房。后来，其他堂兄弟纷纷效仿，创业致富后也回老家建新房，前前后后围着李家祠堂和公屋建楼房。李平金和弟弟李四星于2012年在拆掉了20世纪80年代建的两

李平金老家住宅

李平金老家新村新貌

层小楼后，在原址上合建了一栋联体三层楼房，坐落在李家祠堂的左前方。走进李平金家的客厅，墙上醒目的位置张贴着16字的家训："勤俭诚信，珍爱亲情，治家创业，教育先行。"如今，村里人90%都在中快餐饮工作，大家走南闯北，四处打拼，事业成功后回到老家建起一幢幢新房，不断为这片故土充实新的内容，讲述新的故事。

童年岁月

李平金出生于20世纪50年代初，当时新中国刚成立不久，仍是一个落后的农业国，文盲半文盲占人口大多数，农村生活非常困苦。那时候农村人全靠天吃饭，作为一个半农半渔家庭中的长子，李平金更加体会到农村生活的艰辛。

"大跃进"之后的三年困难时期（1959—1961）是那个年代的人的噩梦，全国大范围持续干旱，受灾面积极广，粮食大量减产，受灾人数达到数千万，饿死人的现象也不少见，百姓在温饱线上苦苦挣扎。李平金的家乡也是重灾区。童年的饥饿记忆是最令他难忘的一种体验。

在粮食大减产的情况下，想吃白米饭是一种奢望，人们最常见的主食是蔬菜粥和红薯粥。这些稀粥根本不够支撑人们的日常消耗，饭后不过一会儿，肚子就又"咕咕"作响。为了填饱肚子，人们用树皮、草根、谷糠来充饥。谷糠虽然可以充饥，却又硬又糙，非常难吃，也难以消化。于是人们就在做糠粑的时候掺杂树叶来调和，而油树叶比一般的树叶更加润滑，常被采摘来作掺糠粑之用。

如今，人们可能会觉得吃树叶是一件不可思议的事情，但在饥荒年代，即使是树叶也让许多人求而不得。村庄周围的油树叶都被人们采摘一空，只剩下光秃秃的树枝在空中摇曳。迫不得已，祖母陈秀英只好带着李平金和堂姐李艳春去离家几里地的林场采油树叶，结果被林场的工作人员抓住关起来。经年迈的祖母苦苦求情，这才引发工作人员的怜悯之心，在一番训话之后让他们三人离开了。

李平金说："外公朱贤杞1946年早逝，外婆李水香29岁起独自一人养大儿女，再育孙辈。外婆虽然喜爱我，但在饥荒的年代，给我的晚餐只有一个红薯，而外婆自己则喝碗开水代替晚餐，这就是当时的农村生活水平。"

即便在这样艰苦的生活条件下，李代朝依然很重视子女的教育。7岁的李平金开始上一年级。此时村里的学校，就是在

李平金上小学一年级时与父亲
李代朝合影

农舍里放了几张破旧的桌子和几个小板凳，不同的年级共用一间教室，四个年级的学生共计四十余人，老师轮流给不同年级的学生上课。

当时村里小学只能提供一至四年级的教育，孩子们要想继续念书，就必须要到离家四公里的龚家垅村去完成五、六年级的学业。上学的唯一方式，就是依靠双脚走路。

李平金每天上学都需要步行将近一个小时，经常是早上在家简单喝一顿稀饭就风雨无阻地赶去学校，直至下午放学再翻山越岭返回。中午没有午饭吃，家中也无食物可带去学校，他只有挨饿。

儿时的李平金在饥饿之中度过，在磨难之中成长。身为家中长子，他担负着家里的重要责任，尽管饿着肚子，回家后他还是要去打猪草，去捡稻田里掉下的稻穗，"一粒粮食一滴汗""粒粒皆辛苦"，是那时的他真真切切的体会。

1965 年寒假，12 岁的李平金为取得每天 2 角钱的报酬，同叔祖父李仕钰到鄱阳湖看守渔船。有一天，北风呼啸，雪花飞舞，天气格外寒冷，一阵阵寒风刮得人脸生疼，鄱阳湖靠近岸边的水面上都结上了厚厚的冰层。

李仕钰看到湖面上风浪越来越大，整条船都开始随着风浪剧烈摇晃，担心船锚会被风浪拽起。锚一起来，到时就不仅仅是船的安全了，两个人的生命安危都难以保证。唯一的解决办法就是赶紧到水下去把锚钉牢。可是，叔祖父年近六十，身体瘦弱，这么冷的天无法下水，李平金便自告奋勇下水去固锚。

湖面上已经结冰，12 岁的李平金揣着削尖了的木桩，用力把湖面上的冰凿穿。他的手在触碰到木桩时就已经冻得发僵，跳进冰冷刺骨的水里后，他用尽全身的力气把木桩插进锚的钩子，以增加阻力。上船的时候，他整个人已经冻僵了，身上的皮肤红一块紫一块，头发上全结满了冰串。叔祖父马上用一床棉被包裹住李平金的身体，让他慢慢地暖和过来。李平金至今还清楚地记得当时暖和过来之后，全身开始发烫的感受，就像辣椒水浇在身上一样，火辣辣的，刻骨铭心。

回顾少年时期的经历，李平金感慨道："小时的苦难对一个人来说确实是一笔财富，就像毛主席说的："过了黄洋界，险处不须看。"经历过苦难的人，就不会怕艰险，苦难让我养成了勤劳节俭的习惯，让我在后来的生活中不再怕苦，也让我对现在的生活十分满足。"

在对待苦难的问题上，中国古人多有励志之语。当时的李平金未必都知道这些道理，但是早年的艰苦经历和艰辛的生活，却塑造了他日后坚韧不拔的品格，正所谓"有钱难买幼时贫""穷人的孩子早当家"，李平金早早地对世事有了自己的感悟，懂得为家庭分忧。

半农半读

小学毕业后，李平金没有念成初中，一方面是由于当时本乡没有中学，初中要到另外的公社去寄宿读书；另一方面，李平金家当时十分贫困，也无经济能力支持他读初中。

在多方考虑之下，李平金不得不放弃学业，选择去参加农业生产劳动。就在李平金小学毕业，在家从事了半年农业生产劳动后，国家出台了一项"半工半读、半农半读"政策，这对他来说无疑是一场及时雨。

就在这样的政策下，李平金有机会进入当地新成立的新池农业中学就读。当时学校开设了农业会计、兽医和农用机械维修 3 个班，李平金选择了学习农业会计。在新池农业中学李平金还学到了一项令他深感有用的技能——拨算盘。

算盘又叫珠算盘，是中国古人发明的一种简便计算工具。在没有电子计算器、计算机的时代，算盘在人们的日常生活中发挥了巨大作用。它一方面提高了人的计算能力，另一方面也让人的手指变得更为灵活，这可以类比于今天电脑中的各种输入法，手脑并用，对开发智力颇有益处。算盘在古代是账房和生意人必备的工具，商人随身都会带着一个算盘，后来它几乎成为经商的代名词。在日常生活中，我们说某人精明，就会说他"小算盘打得精"。日本近代实业家涩泽荣一写过一本对日本影响很大的著作《论语与算盘》，开头便提出，"算盘要靠《论语》来拨动；同时《论语》也要靠算盘才能从事真正的致富活动"，这是儒家文明与现代工业文明的一次隔空对话。

1967年，李平金就读的农业中学停办。对比这种半农半读农业中学的办学模式，李平金对现行的教育制度有着自己的看法。当时农业中学墙上张贴着毛主席语录："教育必须为无产阶级政治服务，教育必须与生产劳动相结合。"他对教育服务于实践这一观点深感认同。相比之下，今天的各类职业教育与生产实际结合不紧密的问题依然突出，技校、中专学生的实际操作能力不强，过于强调理论课程使学生的动手能力都非常弱，这值得我们好好反思。

第二章

激情"小长征"

成为红小兵—步行大串联—到达韶山—湘鄂自由行—少年立壮志—经营代销店有了经商的基本概念。

外出串联

1966年9月5日,中共中央、国务院发出通知,号召各省、区、市高等学校和中等学校的革命师生代表从9月6日起分期分批到北京参观学习,并规定:革命师生来京参观一律免费乘坐火车,在京时的餐费由国家财政开支。

随着全国性的大串联活动迅速发展起来,各地交通运输不堪重负。为了缓解交通运输压力,10月22日的《人民日报》发表了社论,其中提到:"不坐火车汽车,徒步行军进行大串联,这又是一个很有意义的创举。""希望各地的革命学生,在自愿和可能的条件下也这样做。"于是青年学生自动组织了"长征队",步行去各地串联。

"革命火种"同样燃烧到了星子县,村头的喇叭响起了革命的号召,激昂的话语牵动了年轻人的心。在那浩浩荡荡的串联队伍中,就有年仅13岁的李平金。

作为星子县新池农业中学的一名学生,他决定做一名"红小兵",响应党的号召,加入串联队伍。他凭借着对毛主席的崇拜之情,以及想外出开阔视野的心理,就一头挤进了串联的队伍。

1966年底，李平金跟着老师、同学出发了。学校李良俭老师在前头带路，手握可以免费吃、住、行的公函。他身后的李平金背着被子，挎着水壶，把红袖章往手臂上一戴，跟着队伍徒步前行，很有几分革命小将的气势。

这支小分队共有6人，李平金是小分队里年龄最小的学生。儿行千里母担忧。母亲朱贵珍曾劝李平金不要去了。这么小的孩子，步行去那么远的地方，安全问题怎么办？但李平金打定了主意，母亲也就不再坚持。李平金背着被子，站在家门口，脚还没迈出去一步，母亲的眼泪就哗哗地流了下来。在李平金印象中，这是母亲第一次为他流泪。

但是，不舍归不舍，儿子执意要去，母亲还是把家里所有的现金都掏了出来，凑了15元钱作为李平金路上的花费。或许少年李平金并不能完全理解这15元钱所承载的分量，后来回想起这段经历，他却深深地感受到了父母的爱。现在他常常说："作为子女，只要父母在，我们就一定要孝敬他们。即使他们做过错事，子女也不能记恨，只能谅解。因为父母养育了我们，没有父母就没有我们，何况他们对我们还有那么多的爱呢！"

李平金记得，当时大弟弟李平满也想参加串联。看着哥哥背了被子出门，李平满就一路跟随哥哥走到了队伍集合的地点。李平金拿弟弟没有办法，只好想方设法哄他。临走的时候，李平金塞给弟弟一把西瓜子，让他边吃边回家。还是小孩子的李平满羡慕地看着哥哥的队伍出发，觉得哥哥要去很远的地方。几十年以后，那把西瓜子还在李平满的记忆里，好像永远吃不完似的。

步行串联的第一天，李良俭老师带领的小分队就步行到了永修县的吴城镇，第二天行进到新建县的昌邑。在吃了一顿萝卜烧肉加白米饭的"大餐"后，队伍继续前进，第三天便到达了南昌城。

南昌是江西省会。1952年，南昌就依照北京天安门广场的格局，在老城区中央建造了当时各省城中最大的人民广场；到1956年进一步拓展，旁边配上宽阔的八一大道，非常适合群众聚会和游行。

李平金到达南昌之时，只见街道上车水马龙，川流不息，群众的热情非常高。来自全省各地的学生队伍汇聚在这儿，扛着大红旗子，喊着革命口号，个个神采奕奕。广场上悬挂着各类横幅，"毛主席万岁！""向工人阶级学习！向工人阶级致敬！"的口号声不绝于耳，激情澎湃的革命歌曲一波又一波，声势浩大。放眼望去，蓝天之下，全城红旗飘扬，就像一颗颗革命红心在跳动。

李平金是队伍里的"红小兵"，但称不上是正式的红卫兵，他既不会说普通话，也没真正了解过"文化大革命"。这满大街的游行活动，他既听不懂，也学不来，只能在旁边凑个热闹。于是他干脆边走边看，一路参观南昌城。

第一次离家这么久、这么远，李平金算是大开眼界。他的第一反应是：这个城市真大！从小生活在星子县农村，除了乡下的泥泞小道，李平金在县城见到的也只是石板路的小街和两层高的楼房。而在省会南昌，在水泥铺成的宽阔马路上，一辆辆汽车飞驰而过，路两旁高楼不少，包括了有六层楼的江西宾馆。这些都是李平金之前所没有看到过的，令他惊叹不已，印象深刻。

他们一行人白天逛南昌城，晚上就寄宿在离广场不远处的松柏巷小学。当时学校停课，串联的学生把教室里的课桌拼在一起，铺上被子，就可以睡觉了。3天后，他们6人离开南昌前往吉安，打算徒步前往井冈山。

当李平金等人到了井冈山脚下时，传来消息说，山上有学生突发脑膜炎，还有人因病而死，所以部队已经下令封山，禁止学生上山了。原定计划受阻，他们大失所望。不能登上井冈山，打道回府又不甘心，与老师一番商量后，大家决定改道前往莲花县，直奔毛主席的故乡——湖南韶山。

少年携游

确定下一步去韶山后，大家的心情很是兴奋，整夜难以入眠。在当时的历史背景下，北京、井冈山、延安等革命圣地都是全国学生心中向往的地方。韶山是毛主席的故乡，去不成井冈山，改去韶山，也是很有意义的。就这样，1967年2月1日，李平金跟随队伍步行到达了毛泽东主席的故乡韶山。

然而，队伍刚踏进韶山的村头，李平金他们就发现这里成群结队的革命学生已经远远超出了当地的承载量，吃住问题根本没法解决。大家只好就近找了一个屋檐，能坐下就歇一歇，能遮风挡雨就躲一会儿。二月的天气，寒气逼人，没有地方可以住宿，大家只好彼此背靠背坐着度过了一个晚上。

李平金1967年2月1日到达韶山参观
毛泽东故居

1967年李平金和老师及同学步行至韶山合影
第一排从左至右：左秋火 尹盛南
第二排从左至右：李良俭（老师）尹金凤 李平金 朱珍毛

第二天，大家就拿着公函去排队，每人领 4 个面粉发饼作为一天的口粮。风餐露宿，饥寒交迫，这个地方是不能久留了。于是他们只好向韶山说再见，无奈地踏上归途。他们打算从韶山到长沙，再从长沙到浏阳，最后回江西老家。

在归途中，李平金等发现大串联队伍仍然熙熙攘攘，革命热情依旧高涨。串联师生把城里的公共汽车当成了他们的"旅游公车"，不管到哪里都可以随便乘坐，不用买票，爱到哪儿就到哪儿。至于火车，更是成为"红卫兵专列"了，一分钱不交就可以周游全国。由于有免票公函，带队的李良俭老师临时决定改变行程，带领大家前往大城市武汉。

在长沙领到了火车票后，他们一行人乘坐火车前往武汉，兴致勃勃地参观了黄鹤楼，游览了长江大桥。在武汉逗留了 3 天后，小分队又登上东方红 5 号游轮前往九江。

李平金参观毛泽东故居留影

首次坐游轮，让李平金与长江有了第一次亲密接触。自幼打鱼的李平金联想到了家乡的小渔船、帆船、拖船。相比之下，大游轮舒适得多了。站在游轮上，远处水天一色，尽收眼底。但对于从小生活在鄱阳湖水域的李平金来说，也许是对长江的期望太高，现实的长江景象却令他感到些许失望。长江武汉段的宽度只有2000米，一眼就看到了对岸，江面也显得过于平静。相比之下，老家4000多平方公里的鄱阳湖却是一望无际，湖上大浪波澜壮阔。在他看来，长江反倒像一条"小河"，气势远不如鄱阳湖。

到达九江几天后，队伍又向庐山进发，在山上参观了美庐、庐山植物园等地。2天后，小分队从庐山含鄱口下山步行回到星子县。1967年2月中旬，李平金才回到老家，口袋里居然还剩下10元钱。有了这番不凡的经历，小小的他俨然成了村里的名人，逢人就说大串联中的种种经历，尤其是谈到韶山，他更是无比兴奋、自豪和满足。

参加大串联虽然只有2个多月的时间，但这对李平金的影响却是终生的。古人说"读万卷书，行万里路"，这是两件对个人成长很重要的事。对于好学的人来说，读书和行走都是学习，只是学习的途径不同而已。到今天，由于交通工具的便利，日行万里已经不是难事。但是这个"行"，与前人迈开双脚丈量大地的"行"，与李平金当时的大串联出行，根本不是一码事。

在大串联途中，带着革命的激情，少年李平金每天背着棉被和行李要徒步走 30 公里至 50 公里路。有时空着肚子，但他秉持着红军两万五千里长征的精神，纵使大雪纷飞也要日夜兼程，一路向前。在这 2 个多月的"小长征"中，李平金不仅磨砺了刻苦的意志，更是极大地开阔了眼界，萌生了新的思想和价值观念。

他为了学习毛主席的革命精神随着大串联队伍来到了韶山。毛主席出身于农村这件事本身就给了少年李平金极大的鼓舞，点亮了他奋斗进取的意念和信心。他想，这么伟大的人物都出身于农村，那他李平金将来只要努力，也是可以做成一些事情、成就一番事业的。这一信念几乎贯穿了他后来的整个事业发展历程。

经营小店

20 世纪 50 年代中期起，国家实行了计划经济体制，一切物资由国家统购统销，按计划配给。由于没有了市场，计划部门根本无法准确把握商品的供需关系，造成了大量物资的紧缺，包括各类生活资料。在这种情况下，票证出现了，粮票、布票、糖票等，不一而足。当时的人们，没有票证，可谓寸步难行。

在物资供应方面，每个乡（当时叫公社）设立了供销社，往下延伸到村级（当时叫生产大队），则设立代销商店。代销商店实际上就是一个售卖油、盐、酱、醋、肥皂、牙膏等物品的小杂货店，但它承担着全村老老少少的生活用品供应，在村民眼中有很重要的作用。

原本管理渚溪村代销商店的销售员叫李代友，是李平金在村子里要好的伙伴，两人从小玩到大，亲如兄弟。1968 年末，李代友应征入伍。临行前，他问李平金："代销店这个事情你愿不愿干？"李平金想，公社无招人名额，经营代销店比参加生产队劳动好得多。更何况，他对做生意也不陌生，祖父李仕铭过去就是做生意的商人。他也从祖父那里听到过一些做生意的浅显道理，多少有些兴趣。于是，他便应承了下来。

接替了代销商店的工作之后，他经常去向祖父讨教。祖父教了李平金一些经商的方法，包括进货、资金周转、商品包装等许多方面。当时散装的商品比较多，比如红糖和白糖，都是用报纸手工包装的，但怎么包好看颇有讲究。李平金接手代销店工作以后，知道商品包装对买卖的重要性，便对此下了一番功夫，受到了大家的广泛好评。祖父还特别强调对待顾客的态度，反复告诫他："不会笑的人不要做生意。"他告诉李平金，对顾客一定要热情。

父亲李代朝每次打完鱼，都要挑着鱼担到各村去叫卖，从父亲身上，李平金也学到了一些做生意的道理。比如，父亲用秤称重的时候，力求做到快而准，不会让顾客排队太久失去耐心。父亲还告诉他，如果抓多了鱼，超过了顾客需要的重量，再拿回几条，顾客会不高兴；而初始少抓一些，慢慢加到顾客想要的重量，顾客看到给自己添了几条鱼就会更满意。这些做买卖的道理，他都一一记在心里。

受父亲的影响，在代销店售卖糖果时，李平金也会像父亲一样，糖果称完后，再添一两粒给顾客，顾客就会感到高兴。李平金并不知道，这种卖糖果的技巧是国外早已流行的经商智慧，是改善客户体验的一种方法。

回首往事，李平金认为代销商店的工作，对他后来经商有着重要的影响。代销人员是为生产大队打工，但只能盈利，不能亏损。盈利要上交大队财务，要求年完成盈利额360元，按月上交大队30元，不能完成上交任务，就会换人。在他看来，做代销让自己在经营决策权上具有较高的自主性，这与今天企业的承包责任制有很多相似之处。

初读生意经，他就得到了很多启示：

一是要充分了解顾客的需求。一个小小的代销商店，里面有近百种日用生活品，进货要按照顾客的需求做好进货的计划。进货不能单凭自己的喜好，也不是什么货都进，李平金会根据行情和销路来安排，进货时尽量满足村里人的需求。比如，当时在农村高档香烟不如低档香烟销量好，低档的"勇士"牌香烟每包一角四分钱，比高档的"大前门"香烟便宜了六分钱，销量比"大前门"香烟多，所以在进货时，他就按"勇士"和"大前门"两者8:2的比例进货。

二是要注重信誉和人品。代销商店的物资要从十公里外的供销社进货，全靠人扛肩挑。如果聘请的挑夫在路上玩坏心眼，往酱油、酒里掺水，村民买去了掺假的商品，就会损毁代销商店的信誉。所以李平金在聘请挑工时，十分注重他们的人品，情愿多给些报酬，多请几个人，让他们互相帮衬监督。

三是认识到资金周转的重要性。这也是李平金在代销商店工作的最大收获。当时代销商店周转资金只有300元，资金周转速度不同，等量资金在一定时间内所发挥的作用也不同。代销店的零售工作让李平金学会了提升资金周转速度，并借此获取更多的利润。进货积压越久，资金周转就越慢，所以他会想法子在几天内把货卖掉，再去进新货，这样一来，积压的物资少了，资金周转也快了，就形成一种良性循环。

在后来进军餐饮行业，特别是运营团餐事业时，有人问过李平金：这个行业那么薄的利润做起来有什么意义？李平金就用代销商店资金周转次数与利润的关系做了回答。他认为，团餐行业利润虽薄，但是如果运营得当，管理高效，加快资金周转次数，就可以把团餐行业做成一个利润较好的行业。

第三章

幸运求学路

当矿工转商品粮—成为班长初学管理—桂林学找矿专业—转政工工作—党校理论进修。

矿工生涯

1970年,李平金在代销商店得知南昌钢铁厂下属的城门山铁矿来公社招工,工作人员的农村户口可以转为商品粮户口。乡村干部子弟认为矿山工作辛苦危险,故报名者不多。李平金则认为这是一个难得的机会,他毫不犹豫地报了名。不久,公社就通知他去城门山铁矿上班。

李平金1970年在南昌钢铁厂城门山铁矿工作时
住过的宿舍

1970年9月5日下午5点钟,一辆军绿色大卡车停在了九江县城门山铁矿的工人宿舍旁,车头印有两个醒目的红色大字——"解放",驾驶室后面的大车厢里站着几十位新招的工人,李平金就是其中的一员。车厢后挡板一放下,大家就拿起行李,一个个跳下卡车。车子在沙石路上开了一天，从车上下来的人个个满身灰土，但他们都十分高兴。

李平金记得离家那天，母亲早早起来，为他准备送行的早餐。一碗油炒饭，一个煎鸡蛋，那是当时一个母亲可以给予儿子的最好食物。吃过早饭后，李平金用扁担挑着破旧的布箱和棉被，独自去蓼南公社集合。母亲一直送他到村口的打谷场，看着独自离家参加工作的儿子，她悄悄抹去了在眼眶里打转的泪水。

李平金对母亲说："拿到工资，我就寄一半回家。"他知道家里的经济状况，也粗略知道国家单位工作人员待遇的优越。他坚信去城门山铁矿是自己做出的正确选择。从这一天起，李平金正式跃出农门。参加工作后，他每月除留下自己的生活费外，把余下的钱都寄回家，为父母减轻经济负担。

城门山铁矿位于江西省九江县，名字虽叫铁矿，事实上后来开采出产的矿物主要是铜，有自然铜、赤铜、蓝铜等，是我国最大的露天铜矿之一。城门山是自然铜与赤铜共生的矿山，自然铜块有的竟能达到数公斤重。今天它已经成为江西铜业集团下属的一个矿区。在 1958—1962 年及 1970—1973 年，城门山矿区两度对矿山进行过开采，后因铁矿品质不高等原因停办。

城门山铁矿按照半军事化方式进行管理，分成不同的连队作业，连下面设排，再下面设班，每个班约 13 个人。李平金被分到了四连二排四班。上班的工作先是修铁路，修公路。路修通后就上山去剥离土方，再挖铁矿，运送矿石。

"一二一！一二一！"每天一大早，李平金和班里其他人便排着队，喊着口号，扛着红旗去上班了。到工地后，班长要给全班人员开个简短的班前会，时间大概 3～5 分钟，主要内容是由班长传达上级指示、通知，提醒大家要注意的安全事项，并布置工作任务。

　　会后，每个人都拿着铁锹或铁板车开工，在敞露的地表上运送着土方和矿石。

　　临近中午，立秋后的太阳烘烤着赣北大地，矿山冒着腾腾的热气，像烤炉一样炙烤着地面上的劳作者。阳光下，年轻的李平金已经汗流浃背，黝黑皮肤晒得微微发红，但他仍然干得很欢快。

　　太阳西下时，在"一二一！一二一！"的步伐中，大家又扛着红旗，排着队，唱着歌，回到住所。晚饭后，通常会组织学习，内容主要是学习"红宝书"——伟大领袖毛主席的著作。

　　工作之余，大家都会给父母、亲朋写信。李平金给在农业中学教语文的刘希波老师写信汇报自己在矿山的工作和生活情况，不久之后，他便收到了刘老师的回信。

　　信中其他的内容现在他已经记不清了，但刘希波老师的"柔软的沙发使人昏昏入睡，崎岖的山路使人精神焕发"这两句话，在半个世纪之后的今天，仍然回响在他耳边，始终提醒着他不要贪图休闲，而要为自己的理想奋斗向前。

　　三个月后，因为学习积极，工作努力，李平金被推选为班长。本来班上还有三个退伍军人，他们资历比李平金老，但领导最终看中了他的表现，提拔他担任班长。

　　当时这个班有 13 个人，他年龄又最小，要管理一个班的人，其实是有些吃力的。但既然领导信任自己，他便没有退缩，总想把工作做得更好。

　　李平金深知，作为班长，凡事都要起模范带头作用，劳动强度自然比其他人更大。班前分工，班后扫尾，这些事他做得有条不紊。除了自己以身作则，积极实干，他还创新了工作考评方法。他将班里成员划分为两人一组。这种划小考核单位的做法，避免了吃大锅饭情况的发生，调动了工友们的工作积极性。这种按组、按人考评业绩的方法在后来的中快餐饮的食堂按人、按档口核算中，李平金同样运用得得心应手。

当时，连部为丰富工人的业余文化生活，在连部门口制作了一个宣传栏。每逢节假日，连部的文书胡红保都会办一期宣传板报，引来工友们争相观看。

李平金找到了自己的兴趣点，于是便开始积极给宣传栏写稿。在担任班长的过程中，对于表现好的工人，李平金不仅在班前会上表扬，还会撰写表扬稿送到矿广播站播放，作为一份礼物奖给他们。工作中有什么心得体会、意见建议和好人好事，他都会用心思考，整理成文，送连部宣传栏刊登。也正是从这里开始，他认识到了宣传工作的重要性和文字的影响力，从而养成了动笔写作的习惯，几十年来笔耕不辍，为他后来的管理工作积累了丰富经验。

在李平金的带领下，他们班成了整个连队的先进班组。连领导好几次公开表扬李平金，认为他不仅工作积极，超额完成生产任务，而且勤于思考，支持连队宣传工作。后来，他还被评选为全连"学习毛主席著作积极分子"。那时候他们连一共三个排、九个班，他作为唯一的代表被选派到南昌钢铁厂参加"学习毛主席著作积极分子"表彰大会。

1971年五一劳动节前的一个晚上，南昌钢铁厂党委副书记唐占荫来到李平金班里，了解工人的学习情况。他离开时，对李平金班的学习给予了表扬，一个月后，李平金鼓起勇气给唐占荫副书记写信汇报班里的学习和工作情况，不久李平金就收到了唐占荫副书记的回信鼓励。据四连连长李先初说："唐占荫曾经与矿领导商量调李平金去做他的通讯员，但矿领导另外推荐了人选去。"

1972年初，李平金被调入城门山铁矿供应科从事仓库保管工作，管理大大小小的机械设备和配件，负责各类设备和配件的出入库登记。这里属矿部的管理工作。一般都是工作人员拿着有领导签字的审批单来领取物资，包括挖土机、矿车、配件等，他均一笔一笔记录清楚。卸货验收，发货登记，盘点核对，原来在代销商店的工作经验在这里派上了大用场，他工作做得得心应手。

2010年李平金与城门山铁矿原领导和同事回矿聚会合影

桂林求学

1973年4月，城门山铁矿接到省里的通知，暂停建设和开矿，除了20余人留守外，全矿1000多人全部被分配到其他冶金企业。李平金被分配到位于南昌的江西冶金地质勘探公司工作，该单位后来改为江西有色地质勘查局。

当时，毛主席提出了"深挖洞，广积粮，不称霸"的外交方针，为了响应这一号召，李平金被借调到冶金系统在江西医学院内施工的防空洞搞施工。

李平金与李泽群合影

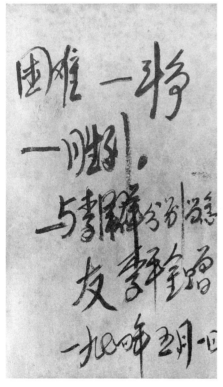

李平金赠李泽群字典题字

铲泥土，运水泥，就这样干了近一年的时间。这期间，李平金坚持不放松学习，工作表现积极。1974年，经过群众推荐和组织选拔，他获得了去桂林冶金地质学校进修一年的学习机会，成为一名工农兵学员。

去桂林学习前，李平金收到单位团委干事李泽群送给他的一本笔记本礼物。李泽群是当年和他一起去城门山铁矿工作的同乡。四年的同事，让他们亲如兄弟，后来李泽群担任了江西有色地质勘查局党委书记。

李平金回赠了李泽群一本《新华字典》，当时的价格是一元二角。字典扉页上赫然写着六个字："困难——斗争——胜利"。这既是李平金对朋友的临别赠言，也反映出他对学习的积极心态。李泽群珍藏这份礼物五十年，它见证了两人的友谊。2013年，李平金请他来中快餐饮做讲座，李泽群把这六个字转送给中快餐饮的干部，希望大家在创业中，迎着困难上，努力工作，争取胜利。

1974年5月的一天，是李平金赴桂林求学的日子，他扛着一个装被子和衣服的大麻袋来到火车站。前来送行的朋友陈则龙和金印火、张仁俊嘲笑李平金不像去上学的学生，而像个逃荒的农民。

　　随着一声长笛，开往桂林的火车"哐当哐当"地加速向西南方驶去。望着熟悉的山水快速倒退，李平金回想起八年前自己在大串联中的点滴，又想起家中父母的艰辛，对于这次来之不易的学习机会，他格外珍惜。

　　"桂林山水甲天下，玉碧罗青意可参"，这是南宋诗人王正功的名句。桂林城山水环抱、钟灵毓秀，为中国最佳旅游城市之一。民国时，有一段时间它曾是广西的省会，是广西历史上的文化教育中心。新中国成立后，桂林被列入首批国家历史文化名城，拥有多所全国知名的高校。

李平金与陈则龙合影

　　李平金去的桂林冶金地质学校创建于1956年，开始名为桂林地质学校，是重工业部根据国家第一个五年计划要求而创建的，并先后从中南矿冶学院、长春地质学校等冶金系统院校抽调了十多人具体负责筹备工作。1970年10月，经国务院批准，冶金工业部将北京地质研究所迁往桂林与该校合并，1971年更名为桂林冶金地质学校，到90年代，升格为桂林理工大学。从师资力量看，该校在地质专业方面的实力非常雄厚。

　　李平金等7位同学从江西风尘仆仆地赶到了学校，只见校门口栽种着一片桂花树、柏树，郁郁葱葱。进入校门，左手边

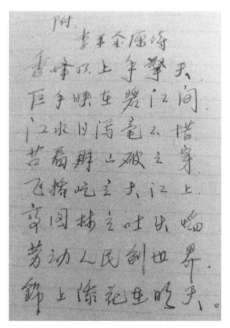

李平金致陈则龙信附诗

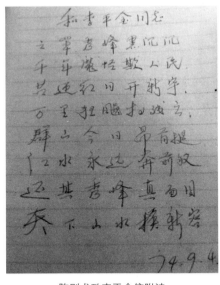

陈则龙致李平金信附诗

是一栋教学大楼，右手边是一块绿地。离学校不远处便是漓江、独秀峰、象鼻山和七星崖。李平金在给朋友陈则龙的信中写道："秀峰顶上手擎天，巨手映在碧江间。江水日泻毫不惜，喜看群山破云穿。飞桥屹立大江上，高卤林立吐火焰。劳动人民创世界，锦上添花在明天。"陈则龙在给李平金的回信中和诗一首写道："云罩秀峰黑沉沉，千年魔怪欺人民。喜迎红日开新宇，万里狂飙扫残云。群山今日昂首挺，江水永远奔前程。还其秀峰真面目，天下山水换新容。"那时的他们，意气风发，踌躇满志。

李平金作为定向委培学员，享受带薪学习，每月都能收到单位寄来的 37 元工资。这样的班级全校共有 3 个，因为是在职学员，班上学生在年龄和学历上差异很大，有 20 多岁的，也有 40 多岁的；有只读过初中的，也有大学毕业重新"回炉再造"的。由于学制只有一年，宝贵的时间让他们分外珍惜这次机会。

每天清晨，李平金早早起床，洗漱完之后，就拿起课本，预习将要上课的内容。由于李平金读农业中学时被分在农业会计班，未学过物理、化学课程，而地质专业的基础课是物理、化学、数学，因此他要花比别人更多的时间去学习。他把自己不懂的地方用笔标记，认真听老师课上讲解。

李平金记得，讲"岩石矿物学"的龚岩老师，上课从不带教材。教材虽然有 200 多页，但哪一章哪一页讲了什么内容，他都记得一清二楚，因为这本教材是龚岩参与编写、修订后的第三版全国通用教材，他对教材的熟悉程度超出了学员的想象。课本在印刷上有点小错误，龚老师会及时让学生更正。李平金一直认为，能遇见这么优秀的老师是他的运气。

在学校，李平金还与很多同学建立了终生的友谊，其中就有与他一起从江西来学校的刘家春。刘家春在江西有色地质勘查局下属的七队工作，读过全日制的初中，在部队锻炼过，还是共产党员，社会阅历丰富，因而在班上被推选为班长。

在桂林冶金地质学校的一年中，刘家春像兄长一样给予了李平金许多学习和生活上的帮助，两人成了挚友。在李平金后来的人生道路上，刘家春起到了非常重要的作用。

李平金在学校系统地学习了地质找矿学、古生物地质学、岩石矿物学，以及测量、地质绘图等课程。按学习计划，老师要带着学生到矿山实习。每到一个矿山，他们都要考察该地的地质条件和矿床形成的原因，并判断地下矿床的形态。考察后，他们要描绘地形图，撰写地质报告，交给老师批阅。

在矿山的实习过程中，他们吃住都在当地村民家，每次采取的岩石矿物标本，李平金都会抢着背下山。

每天考察回来，实习队伍都要整理记录，把地质情况填到野外记录本上。山上没有电灯，他们只能借用村民家的煤油灯，为了给村民节省煤油，他们每次一回来，都顾不上洗澡，就先借着夕阳的余晖，及时完成文字和绘图任务。

实习结束回到学校，在结业考试中，李平金不负自己的努力，取得了 80 分的好成绩，顺利结业。

党校进修

　　1975 年，李平金从桂林冶金地质学校学习结束后回到江西有色地质勘查局，后被分配到江西省德兴县（今德兴市）富家坞铜矿勘探会战指挥部担任技术员，从事地质找矿技术工作。

　　1975 年 10 月，冶金部决定在德兴县召开全国铜矿地质找矿经验交流会。局里地质处号召技术人员撰写论文报告，李平金也提交了《富家坞铜矿形成原因初探》一文。此文虽然未达到会上交流的水准，但引起了局里总工程师石荣求的关注，他破例通知李平金参加会议。参加经验交流会的是来自全国冶金矿山和科研院所的 60 多位找矿专家，从中选出 10 位在大会做报告，他们从国内外铜矿的形成、铜矿的品位评价、铜矿对中国及世界经济发展的意义等方面，提出很高的学术见解。李平金被他们渊博的知识所折服，他更加热爱地质技术工作了。

　　1976 年 7 月 16 日，李平金被批准加入中国共产党。作为年轻党员的他更加努力地学习和工作。此时，全国掀起了"工业学大庆"的运动，李平金被借调到江西有色地质勘查局"工业学大庆"办公室，到全省检查各大队及分队工作情况。当时检查团下设政

1976年11月 李平金入党发言

1976年李平金（后排右二）参加"工业学大庆"先进代表大会合影

工组、技术组、财物组和后勤组4个工作小组。李平金负责政工组的会议记录、材料整理工作。政工组工作的内容包括党委日常工作、组织干部工作、政治宣传工作、工会和共青团工作。李平金以前学的是地质技术工作，现转行做了政工工作。这是新的工作内容，对他既是一个挑战，也是一个新的学习机会。通过参加几个月的检查评比，李平金学到了不少关于党务组织工作的业务知识。

由于会战指挥部工作需要，1977年1月，李平金被调到会战指挥部担任秘书，同期刘家春被调至三分队任党支部书记。1977年，李平金协助《江西日报》记者林光明撰写了长篇通讯《社会主义建设开路先锋——富家坞铜矿勘探会战纪实》。刊登在《江西日报》。

1978年，陈则龙在接到江西大学哲学系入学通知时有感写道："村临波湖家清寒，狂向学海试文章。壮志斗胆闯翰林，冷眼冰心梦黄粱。自信我材必有用，不意金榜夺豪强。感恩领袖释大义，拙足野夫入高堂。"李平金和诗一首写道："野夫家贫心不寒，勤学精工写诗章。壮志凌云入学林，四年之后国栋梁。不愁才华没得用，就怕唯愿志不强。若要求得真主义，放眼世界不迷堂。"

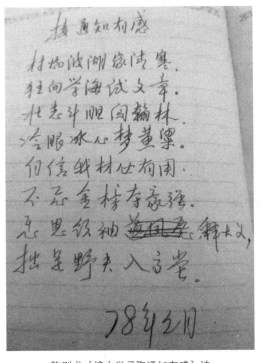 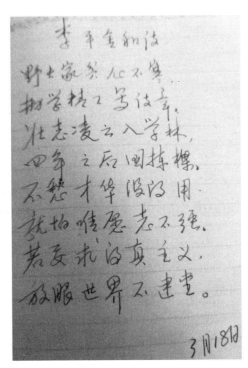

陈则龙《接大学录取通知有感》诗　　　　　　李平金和诗

1979年，全国开展厂矿企业管理领导干部培训，李平金被借调到江西省经济委员会教育处协助举办江西省厂矿长培训班，主要是从事教材资料的校对工作。在此期间，他在《江西日报》发表了《干部应分级培训》一文。

1980年，在江西有色地质勘查局宣传部长闵学辉的积极推荐下，他被选送到江西省委党校理论班进行为期一年的脱产学习。李平金非常珍惜这次学习机会。他很爱读《资本论》等经典著作，并在1981年的省委党校学刊《求实》上发表了《谈谈学习马列经典著作的方法》一文。1982年他又在江西省科社学会首届年会论文集中发表了《谈谈马恩对社会主义社会的设想与我国的现实》，此文是李平金在省委党校理论班一年的学习体会，为此他还被理论班班主任推荐到省委党校全体学员大会上作交流发言。

李平金的学习成绩得到省委党校领导的关注，党校领导班子会议研究决定将李平金调入江西省委党校工作。当时，申请调人的报告已送至省委组织部，但李平金"以工代干"的编制身份不符合调入省委党校的条件。于是，理论班学习结束后，李平金又回到了江西有色地质勘查局宣传部工作。

李平金（二排左一）在中共江西省委党校与本组同学合影

第四章

经营展身手

体制内展现经营才能—印刷厂扭亏—兼任招待所所长—遭遇排挤—"停薪留职"去贵溪创业

初试商才

经过在省委党校一年的系统理论学习，李平金预感到中国的整体经济和社会环境即将发生重大的变化，他迫切希望有机会把自己学到的理论知识应用到实际的经济工作中去。

机会总是垂青于有准备的人。1986年，江西有色地质勘查局印刷厂经营出现了困难，老厂长申请辞职。李平金立即向局领导申请去印刷厂工作。经过组织考察后，当年他便正式担任印刷厂厂长一职。

刚到印刷厂时，他发现问题的严重程度远远超出了他的想象：印刷厂业务严重不足，处于半停工状态；工人没有活干，士气低落，设备躺在车间生锈；由于印刷厂属自负盈亏单位，员工的工资都难以为继。如何盘活这个烂摊子？李平金到处寻找市场机会。

一天早晨，李平金在食堂吃饭，旁边一桌坐了两个人，正在交谈。其中一人是局地质处的汪志远，另一人是赣南小龙钨矿的王工程师。

汪志远问王工："王工啊，这次你从哪里来啊？"王工说：

"我昨天刚从北京回来。"汪志远问："你到北京去干什么？"王工说："我去北京几个月了，在冶金部编写培训教材。"

李平金在一旁认真听两人谈话，心想：这不正是我们印刷厂需要的业务吗？于是他立马凑过去问："王工，请问编写的教材印刷了没有？"

王工说："还没有嘞，我们刚刚交书稿。"

李平金赶紧自我介绍："我是局印刷厂的厂长，我们印地质报告和地质图很在行呢，印培训教材也行，我能联系这笔业务吗？"

王工说："可以啊，这套书迟早是要印刷的，我知道你们印刷质量蛮好的，编书的人也希望这书印刷质量高。"李平金十分诚恳地说道："王工啊，你能不能把冶金部负责这项工作人员的电话和地址告诉我，我去申请一下。"

一通电话打到北京，冶金部培训教材负责人听完李平金的电话介绍后，不相信地问："你们真有能力印刷我们的教材？"

李平金自信地说："当然可以。我们江西有色地质勘查局印刷厂负责印刷全局的地质报告，文字和图表都很清晰，《江西冶金》杂志、江西省冶金厅的培训教材也都是我们印刷的。"

为了进一步消除对方的疑虑，李平金说："领导不放心的话，我把我们印刷的地质报告和培训教材样品送给您过目。"

李平金知道事不宜迟，次日他便和印刷厂老厂长朱培火坐火车赶到了冶金部。负责培训教材的工作人员看过样品后，问了一些相关问题。李平金一一予以答复，工作人员感到很满意。

李平金坚定地保证说："您只要拿书给我们印制，我们一定会保质保量地圆满完成。同时，发行的事情也不要你们多操心，我们厂隔壁就是邮局。您只要告诉我们需要邮寄的地点，我们帮您一一寄送。如有丢失，我们就补寄，负责到底。"

为了继续消除对方的疑虑，李平金还补充说："如果您再不放心，您可以找我们江西有色地质勘查局王成发局长了解情况，这是他的办公电话。我是局印刷厂厂长。我们绝对不会耽误您的大事。"

冶金部负责培训教材的领导打电话到江西有色地质勘查局核实了李平金介绍的情况后，双方签订了一份正式印刷合同。这笔业务是冶金部发向全国的十几套培训教材。按照双方规定的条款，李平金赶紧动员全厂职工，加班加点、按时保质保量地去完成这批印刷任务。

由于是冶金部的印刷业务，局领导也不敢怠慢，还专门召开了一次用电调度协调会。在会上，局领导做出明确指示："万一碰上缺电，其他地方可以停电，印刷厂千万不能停电，因为这是印刷冶金部的培训教材，延误了印书进度，我们不好向上级交代。"有了局领导的大力支持，印制工作进展顺利。

第一批印刷任务完成后，客户反馈非常满意。李平金抓紧时间到北京进行回访，冶金部相关领导对他高度负责的敬业精神十分欣赏，又划拨了一批印刷业务给他们印刷厂。

李平金到印刷厂前，厂里每天开一班的业务量都不够。接到冶金部教材印制业务后，厂里每天三班倒24小时不停工。印刷厂的车间持续响着"轰隆隆"的机器声，灯火彻夜通明。工人们每月都能拿到奖金，干劲十足。过年时，李平金还给每个员工定做了一套毛料衣服作为工厂福利。当时的员工每月工资只有几十块钱，而这套毛料衣服要一百多元。听到这事，整个局机关都轰动了，大家用羡慕或嫉妒的眼光看着印刷厂。

能者多劳

印刷厂经营成功后，局领导认为李平金有经营头脑，可担重任。1987年，局领导就把局招待所和局机关食堂也一并交给他管理。李平金刚接手招待所时，同样面临客源严重不足、员工人心不稳、工作积极性不高的问题，这又是一次挑战。

经过市场调查，李平金了解到，由于南昌至赣州未开通火车，来往于南昌和赣州之间的人员、货物主要靠汽车运输，而局招待所正处在南昌与赣州之间必经的井冈山大道上，交通地理位置十分优越，这对招待所客源的开拓很有利。

于是，他找到南昌长途运输公司的负责人，说服他们在地勘局招待所门前设一个停靠点。他同时向运输公司承诺，招待所可以帮助他们售卖客车票，作为附加服务，不收取任何手续费。这一招果然奏效，双方很快达成合作，

江西有色地质勘查局原招待所

实现了共赢：一方面，运输公司的售票量大大增加了；另一方面，招待所的客源多了起来，一改过去门庭冷落的景象。

李平金通过与赣州市的有关单位接触发现，很多赣州企业在南昌设有办事处。他意识到这是一个潜在的稳定客源市场。为了吸引他们，他主动出击，前往赣州市，拜访了赣南糖厂、赣州冶金机械厂、赣州齿轮厂和赣南矿山等十几家企业，建议他们将办事处从南昌其他地方迁来地勘局招待所。招待所不仅有汽车票销售点，客人来往不需要往长途汽车站跑，而且在招待所门口还可以上下车，十分方便。为了吸引这些客源，招待所还给办事处司机和工作人员每天免费发放 2 张餐票。在李平金组合式营销手段的攻势下，这些企业纷纷将驻南昌办事处迁来地勘局招待所。自此以后，招待所长年客满，生意兴旺。

在招待所的经营过程中，李平金逐渐认识到单点经营的局限性，头脑中冒出了跨城市连锁经营的想法。地勘局下属的第二大队在赣州市的主干道——红旗大道上也有一家招待所，拥有近一百张床位，也面临客源不足的问题。李平金便想把地勘局招待所的经验复制到赣州第二大队招待所。局里分管经营的领导听完他的想法后十分支持，指示第二大队招待所全力配合。于是赣州第二大队招待所按南昌的做法，设客运售票点，很快就增加了客源。

凭借自己对顾客需求的精准把握，李平金在营销手段上不断创新。例如，为了更好地方便旅客出行，李平金利用印刷厂的条件，设计了正面是南昌和赣州两市地图，背面有南昌至赣州往返汽车的时刻表、招待所客房设施和电话号码的卡片。他派人到车站分发，这样一传十，十传百，两个招待所的知名度大大提高了。

值得一提的是，即使在担任局印刷厂厂长兼招待所所长工作最为繁忙的时间里，李平金也从未放松学习。1988 年，国务院颁布《高等教育自学考试暂行条例》，以行政法规形式确定自学考试是"个人自学、社会助学、国家考试相结合的高等教育形式"。同一年通过的《中华人民共和国高等教育法》更是明确规定："国家实行高等教育自学考试制度。"以法律形式确定自学考试是我国高等教育的基本制度之一。那个时代广为流传的张海迪自学成才的故事，让无数像李平金这样由于"文革"而错过接受高等教育机会的人深受鼓舞，全国掀起了一股自学考试的热潮。

此前，李平金虽然在桂林冶金地质学校和省委党校进修学习过，但都只获得结业证。这次，李平金参加了国家高等教育自学考试，是全局第一个拿到自学考试大专文凭的人。

回顾这一段忙碌的日子，李平金工作、学习两不误，有了一种很强的成就感。他深刻体会到"时间就像海绵里的水，只要愿挤，总还是有的"这句鲁迅先生名言的含义。现在，很多年轻人说工作忙，没有时候学习，在他看来，这其实就是自我奋斗目标的迷失，说没时间不过是一种推脱。李平金感叹道："人做事，首先要有目标，人的幸福感是来自于目标的实现。"

停薪留职

经过一番努力，李平金扭转了局印刷厂和招待所的经营困境，企业效益变好了，员工收入提高了。就在李平金准备继续大干一场时，却突然遭受到了重大挫折，有干部子弟通过操作，抢走了李平金的厂长和所长职位。

17 世纪法国诗人拉·封丹写过一则深刻的寓言《猴子与猫》，

说的是猴子想吃火里的栗子，但是又怕被火灼伤，于是它骗猫去取火中的栗子。取出之后，猴子一个个吃了。猫把脚上的毛都烧掉了，却颗粒无收。这似乎正是李平金当时面临的处境。

在别人眼里，李平金努力经营局印刷厂和招待所，最终却为他人做了嫁衣。但在李平金眼里，它更像是一块垫脚石，是命运的馈赠。自己并非像寓言中的猫那样一无所得，而是积累了大量的市场经验，他对自己的经营能力也树立了前所未有的自信。

他感到，与其留在国企，倒不如将这次改变看作是人生的转折点，趁此机会"下海"闯荡，大胆试一试，拼出自己的一番事业。由于平时有读报的良好习惯，1987 年 12 月，李平金在《信息日报》上看见一则贵溪县雄石服务大楼对外租赁承包的消息。他立即行动起来，奔贵溪县考察后，经过谈判，他承包下了服务大楼。

李平金走进地勘局局长王成发的办公室，向局长申请去贵溪县承包服务大楼。王局长劝李平金先安心做好秘书工作，等有机会再去局下属企业当经理。但看到李平金去意已决后，王局长就交代局办公室与李平金签订停薪留职合同，并随时欢迎他回局工作。

就这样，李平金坦然告别了地勘局，迈出了向市场进军的步伐。

为了表达对搬迁来招待所的长住顾客的感谢，同时也为了感谢印刷厂和招待所员工对自己工作的支持，在离职前，李平金自掏腰包操办了一场告别晚会。晚会参加人员有昔日的领导上司、老顾客、老员工、老朋友，济济一堂。晚会特邀的专业乐团载歌载舞，舞台上下一片欢声笑语，共同见证了李平金这段企业经营生涯的结束。

第二篇

创业与拼搏

这个世界只要有梦想，只要你不断努力，不断学习，不管你长得如何，不管你是不是有钱，不管是这样还是那样，你都是有机会的。

——马云

第五章

铜都初创业

赴贵溪承包酒店—经营有方大获成功—创业路上勇斗地痞—回局荣升处级干部。

探路贵溪

贵溪县位于江西东北部，当时是鹰潭市下辖的一个县，现改称贵溪市。贵溪的林业、水利、旅游资源丰富，但从主导产业上看，主要还是依靠铜业。贵溪冶炼厂的规模在整个亚洲最大。

在 1987 年 12 月初，地勘局领导决定于 1988 年将李平金调回局机关办公室工作，局印刷厂厂长和招待所所长另任他人。这时，李平金得知贵溪县雄石服务大楼对外租赁承包的消息，他决心去贵溪考察一下。

李平金从不打无准备之仗。来到贵溪后，他先用一天的时间，对这栋服务大楼的总体情况和县城的经营环境进行了考察。总结出这座服务大楼具有的几大经营优势：

首先，地理位置优越。大楼位于贵溪县城站前西路，离火车站广场很近，走路只需 5 分钟。

其次，硬件条件不错。雄石服务大楼本身有三栋楼房，两面临街，还有一个仓库，附带一个停车场，在当时看来，这些条件算是上乘了。

第三，附近竞争者不算强大。相比于服务大楼，附近宾馆硬件条件相对较弱。服务大楼算是鹤立鸡群，具有充分的竞争优势。

李平金学过地质找矿，知道全国铜工业的发展前景。他相信，随着贵溪铜工业的迅速发展，加上服务大楼地理位置的优越，承包经营一定有前景。

心里有谱之后，李平金找到雄石服务大楼的总经理江员兴，向他说明了自己的来意。

江员兴告诉他，按规定承包人首先要交5万元合同保证金，再谈承包事宜。李平金一听就懵了，5万元！这在当时月工资不过几十元钱的他看来，就是一个天文数字。

可是他并不甘心，来了怎么能就这样放弃呢？整理了一下思路后，他说道："我是江西有色地质勘查局的干部，有信心把服务大楼经营成县城的前三名，但实在是没法筹集到这么多的资金。您能不能减少一些？"

江员兴问李平金："你有相关的从业经验吗？"

李平金回答道："我是江西有色地质勘查局招待所所长、印刷厂厂长，我在三年的时间里将这两个企业转亏为盈了。你若不信，可以来南昌进行考察。"

听到此话，江员兴态度大为转变，心想这人是省会城市南昌来的，又是国家干部，还有业绩为证，应该靠谱。于是同意将他的请求上报给雄石村委会党支部书记。

李平金和江员兴握手道别，走了几步后，又返回来诚恳地说："希望您能抓紧汇报，我有能力把大楼生意做好！"

回到南昌后，李平金一直放心不下，急切地等待着贵溪方面的回复，思考着对方会不会接受自己的条件。

过了三天，贵溪那边来了电话。江员兴告诉他，雄石村党支部书记对他很感兴趣，明天就准备来南昌进行考察。

李平金欣喜若狂，急忙表示欢迎。挂下电话后，他立刻布置明天考察的接待事宜。

第二天，贵溪县雄石镇雄石村党支部书记邱意峦和江员兴等人如约到了江西有色地质勘查局招待所。因为雄石村既有服务大楼，也有印刷厂，所以邱书记说："先参观印刷厂，再看招待所。"稍事休息后，李平金带领他们参观了印刷厂的生产车间和印刷样品。看到生产现场秩序井然，工人干劲十足，邱书记大加赞赏。

之后，李平金又领他们参观了招待所的客房、厨房，并且让厨师们现场炒了几道招牌菜，请客人们品尝。李平金向他们一一介绍了招待所和印刷厂的经营状况，并提供了相关执照和报表，向他们展示了自己几年来的工作业绩。

经过一番认真考察，雄石村干部最终认可了李平金的经营能力，给予他充分的信任，同意他承包贵溪雄石服务大楼。考虑到李平金资金困难的实际情况，雄石村村委会特意举行了一次会议，决定将承包合同保证金降至2万元。

从5万元降到2万元，这算得上是对李平金经营能力的一个极大肯定。然而，就算是2万元，对李平金而言依然是一个不小的数字。虽然在国家单位工作多年，但他工资并不高，存款只有2000元。

怎么办呢？李平金首先想到的是自己的老班长——刘家春。

李平金与刘家春在参加桂林冶金地质学校校庆时重游桂林合影

最初听到好朋友李平金谈起想要离开国家单位"下海"承包服务大楼的想法，刘家春的心里不禁犯嘀咕：在这个年代，有个正式工作单位都是铁饭碗，出去创业，前景不明，要冒很大的风险。他一再劝李平金要慎重考虑。

但知道李平金决心已定后，刘家春毫不犹豫地答应借钱给他创业。在刘家春眼里，李平金是个值得信任的人。

他曾经对李平金有过一番评价："李平金为了完成目标，平时在工作生活中就不断在向这个目标迈进，一步步往前行，最终总会实现。"

刘家春夫妇把自己存折里仅有的3000元积蓄全部借给了李平金。看到李平金还有很大的资金缺口，思来想去，刘家春又打电话给岳父，说自己一个要好的朋友到贵溪承包服务大楼，请求借钱交保证金。岳父凭着对女婿的信任，借给刘家春3000元。刘家春一共凑了6000元，全部交给了好友李平金。

勇拓市场

李平金在刘家春、程健、王乐观、邬冬苟等人的全力支持下，最终凑齐了2万元钱。1988年1月，李平金正式与雄石村村委会签订了承包服务大楼5年经营权的合同。

接手之后，李平金所做的第一件事，就是将服务大楼改了名字。李平金将原来的"贵溪雄石服务大楼"更名为非常大气的"贵溪铜都服务大楼"，并正式注册了这一名称。铜都服务大楼下属有铜都饭店（住宿）、铜都酒家（餐饮）、铜都商业部。

有人质疑说，一个小小饭店而已，怎么取了个这么宏大的名字？人家北京才称首都，你哪来的底气叫"铜都"？李平金对此不以为然，在他看来，"都"就是最大或最多的意思，贵溪冶炼厂的铜产量全国第一，这就是铜都，为什么不能用"铜都"二字呢？

当"铜都"二字的牌匾高高挂起后，在当地着实引起了一阵轰动。三十多年过去了，如今贵溪市、鹰潭市大街小巷有几十家使用"铜都"招牌的商家，贵溪市政府和鹰潭市政府也都打出"建设中国铜都"的口号，这也证明了李平金当年眼光的独到。

李平金与铜都服务大楼全体员工合影

在外观形象上，李平金也花费了不少心思。他从南昌聘请专业的装修团队装修，把整幢大楼装修得富丽堂皇，让人耳目一新。

大楼的名字虽然够响亮，大楼的外观也分外亮眼，但是好像还缺点什么。

缺什么呢？当然是官方的背书。

那时候的私人企业虽然已经有了一定的发展，但在老百姓的心目中，还是更愿接受国营的，至少是有点国营背景的企业，认为它们更可靠。事实上，这种思想一直到今天都未发生根本性的改变。大学生就业时，还是优先选择去党政机关、国有企业就业。

李平金与同他一起"下海"的同事、当时的副经理程健商量："我们初来乍到，人生地不熟。你口才好，胆子大，能不能去找县长帮我们的'铜都酒家'题个字？"程健擅长交际，他答应去想想办法。

在打听到县长艾佛胜的行程之后，一天晚上，他带着景德镇瓷器前往艾县长家中拜访。

在程健说明来意后，艾县长拒绝了礼物，有几分为难地说："我从来没有给企业题过字，字也写得不好，就不题了。"程健恳求道："县长您在大会上说过要支持招商引资，您现在写'铜都酒家'这四个字就是对我们外来经商者最大的支持啊！"艾县长思虑一番后，最终答应题字。

铜都酒家全体员工合影

有了县长亲笔题字的匾额高挂门头，通过一番宣传造势，铜都酒家的名气一下子在贵溪县城传播开来，当地很多单位、个人都慕名前来捧场，铜都酒家生意一天天好起来。

与起名相比，更重要的当然是如何让服务大楼的生意走上正轨。李平金初来乍到，对当地情况不熟，他迫切需要一支属于自己的团队。

李平金在承包雄石服务大楼合同签订后就已经开始招兵买马了。他向原地勘局招待所的同事华军涛、于明慧、宋晓春、宋军、李卫华、胡红、张桥英等人发出邀请，同时还获得了家人李三星、李四星、李金春、李宝春、魏平、李杏春、万清碌、李平波等的支持。至此，采购、厨师、管理等餐饮事业的经营队伍基本形成。

在铜都服务大楼进入正常运营后，李平金开始了大刀阔斧的改革，他打破了原先吃"大锅饭"的局面，实行多劳多得的工资奖金制度。他引用邓小平的"黑猫白猫"理论说："不管是谁，只要你能创造效益，就可以多拿工资奖金！"

另一方面，李平金深知人员素质的重要性。他大张旗鼓地招聘了一批有文化素质、有青春活力的年轻员工，并自己当培训老师编写《员工手册》，让员工边学边做、边做边改，提升服务质量。服务大楼在李平金的手下盘"活"了，员工团结一致，心齐气顺，整幢大楼呈现出一派活力。

在服务大楼的经营管理方面，李平金几乎全盘复制了他在地勘局招待所的工作经验。

李平金了解到驻贵溪各个矿山的办事处与各类材料供应商都有很多业务上的往来，这些供应商来自全国各地，经常分散住在各个招待所，如何将这些人拉到铜都服务大楼来住宿呢？

李平金为此想了一个法子——"免费用餐"，即为每个包间每月提供免费餐券 60 张，吸引他们入住服务大楼。

一开始也有人质疑：发放免费餐券是否在做亏本生意？李平金向大家解释说，给办事处人员每天发放两张免费餐券，他们就会给服务大楼带来更多的物资供应商前来住宿和用餐，扩大大楼的客源。这笔钱就当作是给他们的业务介绍费。

李平金得到一个消息：江西省政府决定在贵溪冶炼厂旁边新建一个化肥厂。在打听到筹备处主任就住在贵溪冶炼厂宾馆的消息后，李平金立即奔赴该宾馆，找到筹备处主任，单刀直入地说明来意："我是铜都饭店的总经理，愿意将服务大楼四楼出租给你们，价格可以商量，只要不亏本就行。"

为了表达诚意，李平金一口气报出的价格居然比冶炼厂宾馆便宜了三分之二，同时，他发挥组合营销的优势，将饭店能随时提供膳食作为附加服务，条件十分诱人。

主任当即拍板同意，与李平金签订了租房合同。贵溪化肥厂的筹建人员集体入住铜都服务大楼，给饭店带来了稳定的客源。

事实证明，李平金招揽常驻办事处的办法卓有成效，十几个办事处带来了各类材料供应商入住饭店，一时间服务大楼住客爆满，酒席数量成倍增加，盈利翻倍。

在经营铜都服务大楼一年后，李平金不仅还清了借款 2 万元，还有结余现金 2 万元。这个当初看来遥不可及的数字，他只用了一年就达到了。

有了 2 万元钱，李平金做的第一件事，就是带钱回老家新盖了一栋房屋，实现了父母多年的梦想。

酒家风波

随着客源的增加，服务大楼购置了全新的床上用品、家具、电视机、空调等设施，增加了客房床位数，同时扩大饭店的营业面积，购置了更多的餐桌，一番改造后，服务大楼里里外外焕然一新。

铜都服务大楼的生意越来越红火，对周边的饭店造成了竞争的压力。有人就眼红了，他们串通了一些地痞来店里捣乱闹事。

一天傍晚，有一群地痞来到酒家，一行有十几个人，点菜喝酒吃霸王餐，他们还摔砸碗筷桌椅，将整个酒家搞得一片狼藉。他们嘴里还出言不逊，辱骂店员，威胁要酒家早日关门，否则便要动手打人，气焰极其嚣张。

这件事情看似只是一桌酒菜的事情，但李平金知道，若不及时处理妥当，自己在贵溪恐怕将再无立足之地。他立刻找来华军涛进行商议，两人一合计，绝不能采取以黑制黑的手法，他们决定依法办事，找当地公安机关帮忙解决。

华军涛的妻子于明慧胆大心细，找到县公安局治安大队大队长，说服了大队长为酒店提供帮助。大队长表示说："若下次再有人来酒家闹事，可以打电话通知我们，维护社会治安是我们公安局的本职工作。"

过了三天，同一伙人又大摇大摆地闯进铜都酒家，同样是点菜吃饭，喝酒骂人，掀桌砸碗，穷凶极恶。服务员立刻打电话向大队长求助，几分钟后，大队长带着六名公安人员火速赶来。

大队长先是对闹事的一行人进行劝告制止，谁知那伙人丝毫没有将公安人员放在眼里，竟哈哈大笑起来，用手指着公安人员破口大骂："我们吃饭喝酒关你们什么事？"公安人员反问："你们在这里惹是生非，打砸物品，影响公共秩序，还有理吗？"两方针锋相对，气氛紧张到了极点。

突然，一名闹事者大打出手，与一名公安人员打了起来。一时间，场面变得混乱不堪。"砰！砰！砰！"大队长果断地朝天鸣枪三响，酒家里瞬间安静了下来，空气似乎凝固了。不仅是那些地痞，连李平金等人都吓得不轻。

大队长下令抓捕带头闹事的五人，果断处理了这起恶性事件。

这件事很快便一传十、十传百，对当地黑恶势力起到了极大的震慑作用。此后，铜都服务大楼经营秩序重返平静，再也没有黑恶势力的骚扰，生意自然蒸蒸日上。

如果说地痞闹事只是一场惊吓，随后而来的信贷危机则是当年李平金遭遇的一项真正考验。

做生意，自然离不开资金的周转。由于当时铜都饭店的装修缺少资金，李平金想向银行申请贷款解决。可是，自己手边并没有可抵押的资产，对于这种小微企业，国有大银行根本不会看在眼里。怎样才能尽快贷到款呢？李平金双眉紧蹙。

正巧，铜都服务大楼对面的县家具厂厂长也正缺少资金想要贷款。两人交谈之后，家具厂厂长说他与中国工商银行贵溪支行的朱行长相识，有这方面的人脉资源。于是，李平金与他商议合伙贷款10万元，各贷5万元，由家具厂作为贷款单位，铜都服务大楼作为贷款担保人，就这样，他们从银行贷到了10万元。

贷款的第二年，家具厂厂长竟然跑了。冤有头，债有主，借款人溜了，债务就依程序转到担保人身上。于是铜都服务大楼很快接到了银行的通知：作为担保人，所有贷款及利息由李平金承担。

李平金怎么也没想到，前一年还生意兴旺的家具厂，第二年就只剩下一个空壳子了。无奈之下，他只能将家具厂积压的养蜂蜜的木箱变卖抵账，但那也不过是杯水车薪而已，余下的贷款和利息全部得由他来偿还。

回想起自己这次遭难，李平金并没有过多的抱怨与委屈，他只是平静地说："任何时候，我们都要面对现实，无论是身体上的疾病，还是上当受骗，或是遇到某种灾难，都要勇敢地面对。若当时我也逃跑了，那就没有今天的李平金了。"

在李平金和经理华军涛、刘成梅的运营下，铜都服务大楼成为多年来贵溪市最具人气的住宿和餐饮企业，多次受到市政府职能部门的表彰。作为这一过程的见证人，刘家春为朋友感到欣慰。他说："铜都服务大楼在当地后来火爆到什么程度呢？一个事例就可以说明，在县城里凡是过生日的、结婚的人，或从外地出差来贵溪吃饭的人，'铜都'都是第一选择。"

在承包铜都服务大楼的同时，李平金还与地勘局的同事傅登荣、刘建斌合伙成立公司在贵溪市、赣州市、新余市、南昌市开展化学试剂、玻璃仪器连锁经营，还租用汽车槽罐车和火车槽罐专列运送工业硫酸到浙江萧山和龙游等地及江西 721 矿销售，成为当时江西省经营此项业务最大的民营公司。

李平金与铜都服务大楼部门负责人合影

承包经营铜都服务大楼，是李平金自主创业的一段难忘经历，而对于他的人生而言，更是其树立商业信心的一大步。一路上虽有挫折，但收获却是满满的。

今天，人们在谈论商机时，普遍都感到20世纪八九十年代机会是最多的，随便做点什么生意都能赚钱。客观地说，从计划经济体制中刚刚走出来，资源错配的现象非常严重，商机确实很多。但与此同时，当时的制度对私营企业、个体户仍然非常严苛，要说经商可以轻而易举地成功，那就是一种脱离当时社会背景的事后诸葛亮的说法。

有一个故事可以说明这一点：

据说哥伦布当年发现新大陆回国后，西班牙国王举行了盛大的宴会款待他。宴会上一些王公贵族不服气，认为哥伦布纯属运气。哥伦布笑了笑，就随手拿了一个鸡蛋当场问他们："你们能把这个鸡蛋立起来吗？"看着这些人一个个尝试失败之后。哥伦布不慌不忙地拿过鸡蛋，往桌面轻轻一磕，鸡蛋壳底部破裂之后，就稳稳地立在桌面上了。然后哥伦布对着他们说："你看，等我告诉你们这种方法后，你们以后也会做了。"贵族们登时哑口无言。

在讨论过去的商机时，情况也大抵如此。企业家的才能，也就是比别人快那么一两步，思考问题比别人更长远一点而已。

回局任职

1990年，江西有色地质勘查局正处于企业化改革的起步阶段，由事业单位转制为半自负盈亏的企业，急需一批善于经营的管理人才。在这种情况下，王成发局长多次打电话给李平金，要他回地勘局工作，职务可以晋升至处级。李平金经过一番认真考虑，认为经过两年的承包经营，铜都服务大楼生意兴旺，管理运行良好，只要交给自己放心的人负责就可以了。于是，1990 年 1 月，他将铜都服务大楼的经营权托付给了有管理经验的华军涛，自己回地勘局工作了。

李平金被任命为局总务处处长，下属有局机关食堂、医务所、保卫科和管理房屋及水电的总务科。

李平金与养膳楼同事的合影

李平金把局机关食堂的一半进行装修，提升为对外经营的酒楼，在工商局注册为"养膳楼"，聘请了南昌市的名厨掌勺，是当时南昌市青云谱区生意最好的酒楼。

有一天，局长找来李平金，问他："你机关食堂的空调是什么地方买的，是不是正规厂家生产的，有没有保修手续？"李平金回答说："我是在江西高校器材经营部买的，开的正规发票，空调有保修的。"局长看到李平金买的同样空调，便宜了 200 元一台，对此很是满意。

后来，局里的基建采购事务，局长全部交由李平金办理，领导相信他的诚实。

1996 年，李平金被调任局物资处处长兼江西有色地质物资供销公司总经理。物资公司是由物资处发展而来的。在计划经济年代，物资处是勘查局下属的一个重要部门，负责全局物资的调配。改革开放以后，国家逐步对物资交易市场化。物资处开始对内负责计划分配，同时也对外从事经营，这就需要营业执照，以及开具发票的资质，于是局里成立了江西有色地质物资供销公司，实行物资处与江西有色地质物供销公司两块牌子、一套人马的管理体制。

随着市场的日益成熟，物资生意越来越难开展。为了适应市场的变化，物资公司与广东商人合作，购买工程船抽沙造地，开拓新的市场业务。

南昌市红谷滩，以前是赣江西岸的一个河滩。南昌市规划在昌北扩建城区，需要在红谷滩抽沙造地。工程需要把赣江里的沙子抽起来运送到红谷滩，造地建房。公司在此干了一年多，后因市政缺少资金，且需要施工单位垫资施工，所以便搁置了这项工程，转而去进行防洪施工，但也可算得上是红谷滩新区的"筑基人"了。公司还为赣江防洪筑堤，为新建县境内的洪都农场和朱港农场、鄱阳县境内的珠港农场筑防洪堤。

1998 年，我国南方发生特大洪灾，九江县江洲围堤决口，7 万人无家可归。李平金得知九江县正在寻找堵口筑堤施工队伍的信息后，提议公司去承接施工任务，但广东商人不愿意参加。于是，李平金通过收购广东商人公司的股份，注册了"江西东南水利疏浚工程有限公司"，将抽沙造地工程船转为水利工程船，承揽疏浚河道、抽沙筑堤的工程业务。

李平金陪同当地政府负责人一行实地考察，经勘测需要 48 万立方米的砂石。而江洲处长江九江段江中心，无石、无土可取。李平金认为，防洪堤两侧应抛石头挡水，堤中心则用江沙充填，用工程船从长江中取沙，在第二年四月涨水季节前保证完成施工任务。

经过有关部门论证后，双方签订了施工合同。由于施工前还要进行设备改造，九江县委的魏书记心急如焚。他怕任务完不成，每隔两天就给李平金打电话，催促开工，有时亲自请李平金吃饭，其实是向李平金施压。但李平金早已心中有数：什么时候动工，每天抽取多少沙量，什么时候完成任务……签订合同前，他已经与技术人员反复测算过了。

1998年，长江中下游遇到大洪水，江西省九江县江洲镇被洪水淹没，全镇7万人受灾，李平金任江西东南水利疏浚公司总经理，带领三条抽沙挖泥船，完成48万立方米的抽沙筑堤任务。此照片是李平金与九江县高修庭副县长在二地上的合影。

一切工作准备就绪，1998年9月洪水退却后，三艘工程船开足马力，24小时连续施工，经过工人们的日夜奋斗，堤坝缺口一天天被填平，48万立方米砂石的工程在短短几个月时间里就顺利完成了。江州抽沙工程圆满完成，通过了有关部门组织的验收，还受到了水利部的表彰。一炮打响后，公司还顺势承包了杭州钱塘江防洪筑堤工程。湖北省的鄂州和荆州长江干堤管理局，也慕名前来与李平金签订多个合同；公司连续三年为长江湖北段筑堤施工，为长江大堤防洪工程做出了贡献。江西东南疏浚工程公司通过李平金的四年经营，成为江西省最大的河道疏浚抽沙造地的专业工程公司，取得了良好的社会效益和经济效益。

江西省原省长舒圣佑视察抽沙筑堤工程

第六章

商城星星火

在省城南昌开设床单被服批发店后，又寻找餐饮业商机——万寿宫成功承包工商处食堂——创业团队雏形——智斗市霸——坚定创业信心不动摇——开辟团餐新路。

再上征程

李平金认为，吃和住是永恒的经营项目。为此，他首先在万寿宫商城与弟弟李平满分别开店批发床单、被服，后来又在洪城大市场与大妹李宝春、二妹李杏春、弟弟李五星、姨妹宋英分别开店，经营同一生意，成为当时江西省最大的床上用品批发商。

1990年初，回到江西有色地质勘查局上班的李平金已经积累了相当丰富的商业工作经验，他仍然想在南昌寻找家族人员进军餐饮行业的机会。

在他的老朋友刘家春看来，贵溪铜都饭店的生意已经做得足够好了。李平金从老家带出去的兄弟姐妹，如今也都有了稳定的工作，再加上贵溪铜都服务大楼每年的效益十分可观，后来在南昌市洪城大市场从事的床上用品批发生意也做得红红火火，他应该心满意足了才是。然而李平金这时又提出想家族人员在南昌做餐饮的想法，这实在是大大出乎刘家春的意料。

对于创业者而言，行业的选择是至关重要的。所谓"男怕入错行，女怕嫁错郎"，说的就是这个道理。凭借自身经验和所能调动的各种资源，李平金觉得餐饮业应该是一个能做大的生意。

说到餐饮，他脑海中最先浮现的是小时候挨饿的场景：没有粮食，饥饿时，连树皮、树叶子、糠粑都是口中的美味佳肴。"民以食为天"的观念，从小就根深蒂固地印在李平金的脑海里。

后来参加工作，李平金体验过了种种行业，他发现一些表面上高收益的行业，实际上往往隐藏着更高的风险。由于收益高，一些具有投机心态的，乃至有权有势的人都会一哄而上，要么导致利润迅速变薄，要么会排挤掉缺少特殊关系的企业。因为自己缺少特殊的人脉关系，那种利润高的行业，他认为不是适合自己的生意。

团餐行业看上去利润不高，赚的又是辛苦钱，所以很少受到有人脉关系的生意人的关注。市场竞争虽然激烈，但如果需求量大、稳定，经营得当，坚持下去，利润也很可观。要做长久的企业，李平金认为这种十分辛苦、营业额大而利润率不高的行业，更适合自己。

无论是古代还是现代，一日三餐，吃饭是人们的刚需。另外，猪肉、大米等商品涉及民生，其价格相对稳定，成本在一定程度上可以控制。

再从自身条件看，当时的李平金在铜都酒家已经有了一支现成的专业餐饮队伍，如果需要扩张，家乡有很多兄弟姐妹可以作为后备军，随时调动起来。于是，李平金最终选择了从事团餐这一项适合自己的事业。

1993 年，为了帮助妹夫万清磜租店面从事床单生意，李平金来到南昌市万寿宫商城找床单批发店面。

位于南昌市老城区的万寿宫原本是一座道观，是为了纪念江西的地方保护神——俗称"福主"的许真君而建。许真君原名许逊，是三国时南昌县人。宋代以后，全国各省凡有江西人聚居的地方，就建有万寿宫。当时的万寿宫相当于江西人的同乡会馆。

据考证，这座位于老城区的万寿宫已有上千年的历史，在今天，连同旁边的八一起义纪念馆，已经成为南昌市城市历史文化的重要标志。

与如今作为一个文化旅游景区的功能不同，在市场经济刚刚兴起的时代，万寿宫商城是江西全省最大的商品批发零售市场，以"商"闻名，盛极一时。店铺一间紧挨着一间，可谓寸土寸金。万寿宫商城内售卖的商品品类齐全，琳琅满目。同时，它还是一个全省小商品集散中心，全省各地商人都到这儿来进货，熙来攘往，人气很旺。

正所谓"踏破铁鞋无觅处，得来全不费功夫"，李平金这一次万寿宫之行，竟意外找到了自己团餐事业的起点。

当天四处寻店铺不得的李平金正准备和万清磋打道回府，李平金却突然发现有一家店铺大门敞开，却没有营业，里边不时传来"叮叮当当"的响声。

李平金寻声走去，想探个究竟，只见几个装修工人在搞店面装修。他十分好奇，上前一步，问："师傅您好！请问这里装修是做什么用的呀？"

对方回应道："这是工商处的食堂啊！"

听到"食堂"二字，李平金赶忙追问："你们这个食堂会不会对外承包呢？"

对方说："这事我不清楚，你要去楼上问刘处长。"

李平金脑中转得飞快，心里打起了算盘：早就听说万寿宫商城客流量大，如果能把食堂承包下来，既对内服务又对外服务，不就可以赚到钱了吗？

略加思索之后，李平金立即上楼，找到了正在办公的刘东根处长。

"刘处长您好，我姓李，是搞餐饮的，请问您的新食堂会不会对外承包呢？"

刘处长一愣，也可能是之前有过对外承包的考虑，他迟疑了一下，回答说："你想承包？你能做得好吗？"

机会就在眼前，怎能轻易放过？李平金响亮地回答道："没问题啊，我在贵溪市做的铜都酒家，贵溪市生意排第一；我在南昌市青云谱区经营的养膳楼，是青云谱区生意最好的餐饮企业，我有多年餐饮从业经验，肯定能搞好！"

刘处长整了整思路，严肃地说："我们这里要求很高的，经常有市里的领导来我们这指导工作，有时会在食堂就餐。还有，不知道你们厨师的技术怎么样？"

这样初次登门，要用几句话取得人家的信任确实不容易。李平金充满自信地回答说："刘处长，这个您放心，我的弟弟李四星就是国家一级厨师，现在是共青城茶山宾馆的主厨，在那里接待过国家领导人和外宾！"

一听这话，刘处长吃了一惊："这是真的吗？"

李平金回答："这事借我一百个胆，也不敢说假话啊！您可以去调查。"

听说有这份真功夫，刘处长倒是想见识一下。于是他说："这样吧！过两天叫你弟弟过来试厨，做几道菜给我们看看，厨艺好不好，一试菜便知道。"

李平金点头称好，当天晚上就电话告诉李四星，让他准备来南昌试厨。

到了约定的日子，李平金放下了手头的工作，让弟弟李四星邀上他的师兄李卫华，大家兴致勃勃地前往万寿宫，赶赴这场试厨。

李四星出生于1970年，初中毕业后，16岁的他就到南昌洪都机械厂办的申昌榕酒店学习厨艺。长兄如父，他后来一直跟着大哥，先后在地勘局招待所、铜都酒家任厨师。在铜都酒家时，李四星作为主厨，展示出其过人的烹饪功夫。他所做的狗肉、家乡豆腐、松子鱼等是铜都酒家的招牌菜，几乎是来客必点之菜。1993年他应聘进入共青城茶山宾馆担任主厨，接待过来共青城视察的许多国家领导人和外宾。

刘处长要求李四星做几道最拿手的菜。他在茶山宾馆每个月都要接待很多高规格的用餐，面对这样的试厨他从容应对。

李四星和李卫华两人穿上工作衣，带上厨师帽，走进厨房。"咔嚓咔嚓"的切菜声传了出来，听起来有条不紊。没多久，几道香喷喷的菜就整齐地上桌了。那画面，还真有几分像周星驰电影《食神》中的场景。

对中餐的鉴赏，一般要求菜肴色、香、味、形、养俱全。现场制作，现场品尝，更需要厨师有实打实的功夫。

刘处长等一桌人品尝过菜肴后，连连竖起大拇指：有真功夫！他当即拍板："食堂就包给你们了，不收管理费，但有一条，要保证大家吃好。"

"感谢刘处长的信任，我们一定把食堂搞好，您就看我们的行动吧！"得到认可的李四星回到茶山宾馆后，就办理了辞职手续。

就这样，李平金和李四星一举拿下了南昌万寿宫工商处食堂的承包权，实现了在南昌餐饮市场上有一个家族企业基地的目标。

万寿宫工商处食堂于 1994 年 3 月 18 日开始营业，这后来被认定为中快餐饮的发祥地和成立日，永远地镌刻在中快餐饮的发展史上。

星星之火

顺利承包万寿宫工商处食堂，使李平金和李四星又有了一个新的事业平台。

一个好汉三个帮，当务之急，是需要招兵买马，组建一支新的队伍。兄弟俩一合计，由于李平金还需要在地勘局上班，就由李四星全权负责食堂的日常管理工作，包括人员的招聘等事宜。遇到大事，则由李平金拍板决断。

在李平金和李四星的召唤下，钟丽南、李平堂、李清龙、魏青山、李成林、黄伟林、李桂珍、刘星桥、程美玲、朱焱金、万宗华等陆续来上班。李平堂是李平金堂弟，在老家办红白喜事时，也做过厨师，年纪三十多岁，有一手好厨艺。其他几位都是二十岁不到的小伙子和女孩子，基本上都是初中毕业就出来闯荡了。还有几位则是家族里的长辈推荐的。他们背起行囊，汇聚到了万寿宫，也算是在大城市有了一个立足之地。

这些人员之中，除李四星和李平堂之前有过厨师经验外，其他人都是新手。为了保证开业的顺利，李平金组织他们进行了必要的岗前培训，为每个食堂工作人员购置了崭新的工作服，配备了工作帽，让人感觉这是一个正规的餐饮团队。

开业那天，食堂内外被打扫得干干净净，饭菜质量可口，服务人员精神抖擞，态度和善，给工商处的干部职工留下了良好的印象。

但工商处自身的工作人员数量毕竟有限，外面也很少有人来食堂就餐，因此在开业的几周内业务量很小，如果只做工商处工作人员的工作用餐，食堂就会面临亏损。

李平金和李四星通过一番调查发现，万寿宫商城虽然店铺多，人流量大，但是生意人最宝贵的就是时间，店铺老板和店员由于业务太过繁忙，摊位上不能离人，根本不可能抽出时间坐到食堂就餐。前来进货或购物的人，也都是买完货就在旁边随便吃个盒饭，很少会专门跑到一个食堂里去吃饭。

1994年，李平金和李四星承包的南昌市万寿宫工商处食堂原址

为此，他想到的解决对策是：送餐到店铺，卖盒饭给客户，为客户节约时间。相比今天遍布大街小巷的送餐服务，他们算是这方面的先行者了。

但是，这毕竟是隶属工商处的食堂，能对外送餐吗？

李四星向刘处长汇报了这个情况。刘东根处长对李四星说："卖盒饭，方便来万寿宫进货的商人吃饭，这是服务客商的好事，工商处支持。"刘处长爽快地给食堂办理了快餐营业执照，取名"星星快餐"，既包括了老家星子这一地名，又隐含了李四星的名字在其中。

思路决定出路。思路一旦打开，业务量便开始有了明显的增长，食堂人员开始变得极其繁忙，工作也变得更为辛苦。

　　创业维艰，但农村人的特点就是吃苦耐劳。在万寿宫打拼的日子里，由于资金有限，食堂除了在附近给几位女员工租了一间民房外，男员工就住在食堂内的一间阁楼上。大家打通铺睡，冬天冷，夏天热，晚上睡不好，第二天一大早还要很早起来准备中餐。到了就餐的时间，就两人一组，将热腾腾的饭菜用饭盒装好，小心翼翼地放在塑料框篮内，大家合力提起大篮子，赶去商城售卖盒饭。

　　怎么招揽生意、吸引顾客呢？简单原始的办法：叫卖。

　　与今天城市中相对安静的购物中心和街面店铺相比，20世纪八九十年代的很多商店传出聒噪的叫卖声是普遍现象，当时的人们对此也习以为常。不同职业的叫卖口号实际上是一种民间创作的广告。用不同方言喊出来，富有地区和行业特色，有些还很有韵味，可以入诗歌的大雅之堂。刘欢曾有一首流行歌曲叫《磨刀老头》，里面有一句"磨剪子嘞，戗菜刀"让人印象非常深刻，这就是这一行业典型的叫卖声。

　　叫卖需要有一个简洁明快的口号，让人一听就明白。"3元钱吃饱，5元钱吃好，8元钱吃不了！"就是当时星星快餐的叫卖口号。

　　大家扯着大嗓门，沿商铺大声叫卖，兜售快餐。篮子一空，即刻返回食堂补货。有时，大家还要提着盒饭上楼下楼多趟，当时商场里没有电梯，全靠双腿跑上跑下。每到餐点，售卖盒饭需要往返奔波超过三个小时，几天下来，大家都累得腰酸背痛，连喉咙都快喊哑了，辛苦自不必说。

　　给他们最好的回报是，食堂的销售量每天都在增长，一串串增加的数字给大家树立起了信心。

　　那时来食堂的年轻人都处于学徒阶段，工作岗位也无法固定，有些员工受不了苦累就离开了，来来去去有二十多人。他们每天起早摸黑，洗菜、切菜、炒菜、装饭盒、卖盒饭、拖地……事无大小，样样都要学着干。蔬菜和肉类等原材料供应点离万寿宫约有 3 公里的路程，一路都只能靠脚蹬三轮车风里来雨里去采购。采购员每次回食堂，常常要到晚上 9 点、10 点钟了。

用李清龙的话说，那时候大家都年轻，又沾亲带故，所以相互关爱，不怕苦不怕累；大家分工明确，互相帮衬着干活，虽然工作确实劳累，但是每天都过得很充实。

5 月以后，南昌气温日渐升高，太阳一天比一天火热。炎热的天气使人胃口不佳，盒饭的销量随之下降，这给食堂经营带来了不小的影响。面对窘境，李平堂不急不躁，让大家出主意、想办法。

经过讨论，大家决定变换策略，拿出新招，"以冷克热"——增加冷饮摊点，售卖冰水、冰棒、绿豆汤、凉粉等"冷"品种。计划既定，说干就干，大家很快就买来了遮阳伞、保温桶、大冰柜等设施。很快，商城里就瞧见了食堂摆出来的冷饮摊点。

一边是食堂内的快餐经营不能耽误，另一边又要在外面开拓冷饮销售，现有人手明显不够用。如要增加人手，工资成本又会成为一笔不小的开销。大家思前想后，决定还是先由现有人员加班加点干。

于是，由师傅李平堂带头，大家个个精神抖擞干了起来。男员工们体力足，每天都提前来食堂，配制好各种口味的冷饮，上午 8 点钟准时将冷饮送达冷饮摊点，交给负责售卖的女同事。他们再马不停蹄地赶回食堂里，为午餐做准备。午餐一结束，师傅们又继续制作冷饮，为摊点及时补充资源。

女员工们服务意识强，个个是销售的好手。正值盛夏，有"火炉"之称的南昌骄阳似火，烘烤着万寿宫的商铺和商人们。

尤其是正午过后，地表温度高达摄氏 40 度以上，但守摊的女员工们硬是头顶烈日，脚踏热浪，挥汗如雨，还不忘热情叫卖。

"一角钱一杯冰水，两角钱一杯冰绿豆，五角钱一碗凉粉"，她们就这样每天都在马路边叫卖 6 个小时。几天下来，她们的脸和手都被强烈的紫外线灼伤了，手臂上晒脱了皮。

智斗市霸

在李四星等人的精心运作和辛苦付出下，万寿宫工商处食堂的生意越来越红火。他们的饭菜口味好，分量足，价格低廉，态度又热情，加上能提供免费送餐上门服务，客户满意度相当高，慢慢地就有了一大批稳定的客户。

在市场经济尚不完善的区域，商家之间的竞争手段往往会走极端。用北京大学张维迎教授的话说，他们遵循的不是市场的逻辑，而是强盗的逻辑。市场的逻辑是通过让别人幸福使自己变得幸福，强盗的逻辑就是通过让别人不幸福来让自己幸福。在贵溪时，李平金已经见识过同行的恶意捣乱，在南昌，他又经历到了同样的凶险。相同的故事，不同的场景，一再发生。

在万寿宫商城的餐饮市场中，工商处食堂的生意火爆也导致了周边小餐馆的不满。作为本地人，他们不去努力提升自身的餐饮质量和服务水平，而是企图凭借本地人的优势，欺行霸市，力阻外人的进入。

他们使用的恶劣手法就是纠集一帮地痞流氓，前来阻挠李四星等人送餐。起初，他们伪装成顾客，百般挑剔饭菜口味和质量，恶意刁难。再后来，他们干脆直接出手，把饭菜篮子一脚踢倒。

那时的李四星年轻气盛，怎能甘心忍受这种侮辱？但是对方仗着本地人多势众，根本就不把他放在眼里，还口出狂言："下次再对外送饭，让你头不在脖子上！"李四星等人从农村到城市来，人生地不熟，面对地痞们的来势汹汹，如果硬碰硬，肯定会两败俱伤。

李平金得知这件事后，由于有了贵溪的经验，他显得从容不迫。毛主席说过，要敢于斗争，也要善于斗争。斗争要讲究技巧，当下这个局势，该怎么个打法呢？

他告诉李四星："你们不要怕他们！我们在这里经营，有合法的工商执照，他们当地的小餐馆什么手续都没有办。我们合法有理。"

李平金要李四星将这件事向工商处和派出所作了汇报，获得了政府职能部门的支持，并且得到明确的指示，可以采用必要的手段进行正当防卫。

他们还需要展示力量，来震慑对手。他们知道第二天地痞流氓们又要来盒饭售卖点闹事，于是李平金特地请来 12 位亲友，一人配发一根直径 12mm 的钢钎。他们一共有六个摊点，一处两人，12 人把守住全部快餐销售网点。

摆出阵势之后，员工问：是真要打架吗？

李平金叮嘱道："如果地痞看见我们拿钢钎自卫，还要闹事，就赶快打电话给工商处和派出所，架不可打！打了不可收拾！"李平金的目的，是要震慑这帮肇事者，达到不战而屈人之兵的目的，是要告诉地痞，我们不是软弱可欺的。毕竟，自己要在这里长期做生意。

果不其然，那帮人气势汹汹地闯进来一看，就吓了一大跳，只见 12 名大汉排列整齐，手持钢钎，威风凛凛，站在摊点上严阵以待，这一下子就震慑住了闹事者。这时，工商处保卫科又派人来警告想闹事的地痞。这帮人自知理亏，又看见工商处保卫科对李四星的支持，知道再闹就得不偿失了，于是便灰溜溜地退出了。

为了达到长治久安的效果，刘星桥、李四星多次前往商城保卫科，联系当地派出所，对附近欺行霸市的地痞流氓多次发出警告。依靠警方的支持，工商处食堂得以正常运营，对外送餐继续顺利进行。

从这次风波中，李四星他们也得到了经验：面对恶势力，绝不能畏惧和躲闪！要采取合理合法的手段处理，敢于斗争！

"做生意就是这样，什么问题都会碰到的。"回忆起这段曲折的创业经历，花甲之年的李平金却十分爽朗，"做生意不仅会碰到地痞流氓，还会有坑蒙拐骗呢！"他似乎是随口一说，轻轻松松就拂去了那些年创业的艰辛。

类似于贵溪县家具厂厂长的亏损潜逃，这回的"坑主"是万寿宫旁边的一家大型商场——百姓鞋业。这个商场曾经以平价鞋销售风光一时，但不知何故一夜之间突然关门，老板逃跑了。城门失火，殃及池鱼，挂在星星快餐账上的 2 万元应收餐费血本无归。

快餐行业本来就利润微薄，这样的恶性事件毫无预兆地发生，对李四星团队无疑是一个沉重的打击。团队骨干李平堂为人随和，旁人从未听他抱怨过什么，但谈起这件事情，他痛心地感叹："唉！别说什么利润了，他们连买食材的成本都没有给我们啊！"

面对这样的打击，大家一时之间难以接受，人心开始浮动：不赚反赔，这样做下去还有前途吗？李平金立刻召集大家开会，用贵溪家具厂厂长跑路的事件作为例子告诉大家：生意场上遇到赔钱的生意是难免的。只要员工队伍还在，还有快餐业务做，我们就要坚持。

这样，作为团队掌舵人，凭借自己坚定的意志，李平金在关键时刻鼓舞了大家的士气，凝聚了人心，引领大家团结一致向前看。

在中国四大古典名著之中，李四星最喜欢《西游记》。其主要原因，除了作者塑造了孙悟空这个天不怕地不怕的角色外，还有唐僧师徒四人在西行途中面对九九八十一难时展现出的那份乐观、执着和坚定。他感觉这与自己的创业过程非常相似。在创业路上，同样是九死一生，困难重重，如果碰到一点困难和挫折就退缩，也就不可能取得最后的真经了，孙悟空也不可能得道成佛了。做生意久了，难免会碰到妖魔鬼怪，不坚持就不可能做成大事业。

扩大配餐

星星快餐在万寿宫的事业慢慢站稳了脚跟，经营了两年后，算是小有成效。但对李平金和李四星来说，这仅仅只是一个起步，他们又开始谋划下一步的经营思路。

在万寿宫商城卖盒饭，每天只有 300 份左右，而要向其他市场配送盒饭，万寿宫工商处食堂面积又太小。要扩大盒饭销量，首先要找到一个固定的制作盒饭的中心厨房。

功夫不负有心人。1996 年，星星快餐终于接下了南昌市公交总公司职工食堂的承包业务，这可以称得上是一笔大单。李平金等人考察后，发现这个食堂各方面条件都很好，厨房大，餐厅宽敞明亮，排油烟管道和下水道通畅，空间格局包括仓库、办公室、员工寝室、包厢雅座，比起万寿宫食堂，条件要优越得多。虽然食堂用餐的客人不多，但是它适合做星星快餐的配餐中心。

有了配餐中心之后，李平金便要求刘星桥继续寻找新的市场，开拓送餐上门服务，寻找新的销售增长点。

在此后的两年时间里，刘星桥对南昌市各个单位进行了拜访。为了省钱，他连坐公交车的费用都不舍得出，出门全靠两条腿。经过努力公关，刘星桥先后谈下了金龙购物商城、清华空调城、黄庆仁药栈等大卖场和门店的送餐业务，星星快餐的营业额快速提升。

星星快餐将业务做到各大商城后，就需要组织人员配送。配餐工作虽然利润不错，但确实非常辛苦。当时公司没有汽车，能用的只有一辆老式脚踏三轮车，在创业的初期，星星快餐的员工是"脚踏三轮送饭菜，顶风冒雨做生意"。

第一家供餐点位于八一广场的家电市场中，第二家在长途汽车站旁的科技市场里。这两家店的生意稳定，但配送难度相当大，运输路程约2公里，途中要经过多个坡度较陡的地下通道。他们每天都要这样上上下下，来回好几趟，三轮车蹬起来非常吃力。如果再遇到天气不好，送餐就更为困难了。

更麻烦的是，南昌市有几条主干道是严管街，交警管理比较严格。三轮车、摩托车是他们的重点监管对象，稍有不慎，就会挨处罚，受一肚子气不说，还会耽误送餐。

但就是在这样艰苦的条件下，大家仍然兢兢业业地把饭、菜、汤准时送到供餐点。星星快餐的日营业额已经达到5000元左右了，算是一家中等规模的快餐店，但李平金和李四星认为，凭着自己创业团队的力量和热情，应该可以做得更大一些，于是他们又开始寻找新的机会。

第七章

绘出"蓝天"蓝

寻找高校机会受阻—墙外开餐馆—吸引蓝天学院学生—成功进驻蓝天—积累经营食堂经验。

"蓝天"蓝海

20世纪90年代，正值我国民办高校兴起之时。而在这股民办高校大潮中，江西省独领风骚，民办高校发展迅速，走在全国前列，这与江西历来重视教育有关。

自古以来，江西省人文气息浓厚，崇尚文化教育，民间办学历史悠久，宋代著名的白鹿洞书院、象山书院均位于江西。但是作为一个有着4000多万人口的大省，江西优质公办教育资源严重短缺，高考升学率，尤其是一本升学率低于全国平均水平。

从地理位置看，江西毗邻广东、福建、浙江三大经济发达的沿海省份。由于江西本地工业不发达，土地资源相对不那么稀缺，其办学成本相对比较低。依靠沿海省份强劲的人力需求，足以解决民办高校毕业生的就业问题。

到1998年，江西省共有民办高等教育机构36所[1]，而民营企业家于果先生1994年创办的蓝天学院是其中的佼佼者。创办

---

① 刘梅. 改革开放以来江西省民办高校的发展研究. 江西师范大学硕士论文，2008.

之初，蓝天还仅仅是一所中专学校，随着招生规模的迅速扩大和发展，江西省政府给予了它大力扶持。1997 年，蓝天学院成为江西省首批学历文凭考试试点院校，1999 年，经国家教育部批准，蓝天学院成为江西省第一个被纳入国家普通高校系列的民办高校，具有直接颁发国家学历文凭的资格。2012 年 3 月，经国家教育部批准，正式更名为江西科技学院[①]。

蓝天学院成立伊始，由于进入门槛相对较低，很多高考落榜者闻讯蜂拥而至，学生源源不断，十分红火。1997 年，李四星发现了这所在高新开发区的学校。在校园周围细细考察后，他感觉这是一个非常有潜力的市场，回来跟李平金一商量，便得到了赞同。李平金让李四星立即前往学校后勤处，与负责人商议能否承包该校食堂。

"当然不行！"对方当场给李四星吃了一个闭门羹。学校食堂早就是校方亲戚的一亩三分地，肥水不流外人田，怎么可能承包给外人呢？

碰了一鼻子灰后，李四星找李平金商量对策。李平金宽慰他说："面对这种情况，看能不能另外想想办法，只要我们做得比他们好，迟早会让我们做的！"

李平金认为，承包高校食堂的优势非常明显。学校就餐人员稳定，同时随着招生规模的日益扩大，成千上万的学生足以支撑起规模化经营。而此时高校后勤的社会化改革刚开始启动，高校食堂仍然是一片少有人涉足的蓝海市场。

针对眼下不得其门而入的困境，李平金想到的是革命先辈用过的办法。他认为，当初共产党在闹革命的时候，采用的是

---

① 蓝天学院的名称多次更改。1994 年成立时名为"江西省高级职业学校"，1996 年更名为"江西东南进修学院"。到 1999 年更名为"蓝天职业技术学院"，2005 年升级为"蓝天学院"，2012 年更名为"江西科技学院"，以下沿用"蓝天学院"这一旧名字。

"农村包围城市"迂回包抄的形式，最终实现了解放全中国的目标。当下蓝天学院食堂正是这样一座貌似坚固的碉堡，同样可以从外围入手，寻找突破的机会。

经过寻觅，他们终于在学院后门外的一排小餐饮店中，租到了一个面积不到 60 平方米的简陋店面，算是建立了一个为学生提供餐饮的小基地。

墙外开花

李四星将新租来的店面进行了简单装修，店面的招牌写着"星星快餐高职分店"字样。店内部分为两间，外面约 40 平方米的一间作为厨房，摆着一个柴油炉子，一台小冰柜，一个工作台，一个菜架。里面约 20 平方米的一间用作仓库。店外则用竹子和石棉瓦撑起了一个与店面差不多大的凉棚，另外加装了一个水池、一个售卖台。

售卖台前面是露天马路，他们就在马路边用一块红蓝相间的彩色篷布搭建起了一个餐厅。餐厅里面摆着四张折叠小桌和十六个塑料凳子，学生可以在马路边排队买饭。这就是当时高职分店的全部家当。李四星让李成林过去担任店长，李平堂作为主厨，一共有 4 名员工。

锅碗瓢盆齐备，快餐店于 1997 年 9 月份正式开张营业。由于快餐店靠近学校后门，出入的学生特别多，加上饭菜味道可口，分量实在，物美价廉，因而得到了学生的广泛认可。他们还设计出"五元两荤一素"、"三元一荤一素"的学生套餐，而当时别的商家只经营普通的点炒，价格是八元起价，往往要十元、十五元一份，这不是所有学生都能承受的。

星星快餐店的生意一炮打响，大学生成群结队前来吃饭，甚至不等下课就提前占座排队，有的还要打包三四份带回宿舍。每次一开餐，店里店外总是人挤人。由于人多位置少，遇到下雨天，很多学生宁愿站在店外面，打着伞排队买饭，也不愿意去别的空闲快餐店就餐。

像在万寿宫商城一样，星星快餐店的火爆生意也引起了旁边快餐店主的眼红。当地人煽动村里的地痞流氓采取各种手段对星星快餐进行刁难。他们先是提出星星快餐的饭菜价格低了，影响了他们的生意；然后是在学生放学的时候端来长条板凳堵在路口，不让用餐学生进店铺；有的店主还气势汹汹掀翻餐桌，要求星星快餐店关门；后来甚至到了直接动手打人的地步。李平金和李成林多次与他们进行谈判，才把风波平息。

除了当地开店的村民刁难外，连农贸市场卖菜的老板也来找茬。由于对当地供菜商的情况不了解，星星快餐店没有在当地进菜，结果引起了村子里卖菜老板的极度不满。此人的弟弟是村委会管电的负责人，结果他们硬是把快餐店的电线剪断了，导致快餐店无法正常营业。星星快餐店只好临时买了台发电机，勉强维持了两天。后来，经过李成林的又一次谈判，才平息了停电事件，最后李成林还与他们成了朋友。

有时候老天也会跟他们开开玩笑。就在星星快餐高职分店经营形势日益向好的时候，一场无情的大风将分店的屋顶掀了个底朝天。无奈之下，店里只得贴出通知，停业三天。李成林他们不得不重新购买竹子、石棉瓦，当起了泥瓦匠，修整店面。

大学生下课后不用带碗筷，更不用洗碗，走几步路就能来这里吃上干净、便宜又可口的饭菜，何乐而不为？正是抓住了学生的心理诉求，星星快餐店的生意越来越红火。但与此同时，蜂拥而至的学生也引起了学校保卫处的警惕与担忧。

为了保障校园安全，维护校内食堂的利益，保卫处强行用链条将后门锁住，阻止学生出门。出不去？那就翻墙！学生们你顶我，我推你，一个个身手敏捷，翻出了围墙，又来店里吃饭了。

由于学生排队买饭的人越来越多，星星快餐店又决定在学校正门旁边再开一家餐厅。果不其然，学生们得知正门又开了一家星星快餐，与后门餐馆是同一家，又纷纷跑到正门就餐。每到吃饭时间，星星快餐店的门口就排成长龙，俨然成了校园门口一道奇特的风景线。

几个月后，星星快餐店的第三家分店——东门店以同样的方式快速开张，对蓝天学院形成了包围之势。

学生在后门翻墙吃饭事件早就引起了校方的注意，可正门和东门怎么又排起长队吃饭了？校长于果听到报告后，亲自前来查看情况。他还找了学生询问，学生便一五一十地说："这里的餐馆好吃又便宜啊！学校食堂又贵又难吃。"

客观地说，这些日子里学生们"用脚投票"的行动，已经说明了校内食堂伙食与星星快餐的差距。

有过创业经历的于果校长非常理解星星快餐的这群创业者的奋斗精神和心路历程，并且看到了这家小店与众不同的发展潜质。于是，他主动约李平金和李四星两人洽谈合作，从学生饮食健康和安全出发，同意将新建食堂的二楼承包给他们。于是，在 1999 年年初，双方正式签署了承包协议，这是中快餐饮承包高校食堂的开始。

首店告捷

星星快餐几乎是在一片欢呼声中被迎进了高校。从此在中国高校食堂市场里迈进了第一步，这为中快餐饮开拓高校餐饮市场提供了样板。

李平金等人非常珍惜这来之不易的机会，抱定要一炮打响的决心。除了要缴纳校方一笔承包费外，他们还要装修食堂，购买各类厨房用具等。1999年年中的时候，由于资金周转困难，经营陷入了困境。

这时，李四星邀请在洪城大市场床单店做生意的同乡刘成柏加入高校餐饮事业。刘成柏出生于1963年，高中毕业后在外面做一些小生意。1986年李平金在江西有色地质勘查局工作的时候，刘成柏曾去拜访过他，寻求工作上的帮助。李平金鼓励他和自己的弟弟李三星去共青城经营建材生意。后来建材生意不景气，他就在共青城做了5年蔬菜批发生意，小有积蓄。

在得知李四星的经营困境之后，刘成柏慷慨解囊，主动提出要将自己9万元的积蓄借给星星公司作为周转资金。经营好转后，在李四星的邀请下，刘成柏成为公司最早的股东之一。刘成柏精明能干，擅长成本核算，他负责蓝天学院食堂原材料采购工作，协助李四星对食堂进行管理。

经过调查，他们发现蓝天学院的学生来自全国各地，口味具有多样化的特点。因此食堂必须采用"多品种，多价位"的营销策略，吸引并留住学生。

他们要以多品种的饭菜，满足不同层次、不同口味消费者的需求；并在此基础上，实现产品的差异化和多价位，同时提升菜品的利润空间。除了供应传统的米饭、炒菜以外，李四星团队还进一步开发，增加了面食、小吃、水果饮料等种类，炒菜的口味也分了川菜、粤菜、鲁菜、浙菜等风格；在炒菜分类上，他们分出大锅菜、小锅菜两大类，每大类中又分大荤、花荤、素菜等小类。其中，大锅菜满足大众消费需求，小锅菜满足高消费者需求。

通过不懈努力，蓝天食堂的中餐、晚餐菜品品种达到了60种以上。

这样一来，学校食堂的就餐人员发生了可喜的变化：不仅是学生，连教师也前来就餐了。高中低档兼顾，既满足了高消费学生，又留住了低消费学生。对于特困生，食堂还提供勤工俭学的机会，让他们到食堂兼职，然后免费用餐，减轻他们的生活负担。这一贴心的举动，获得了校方的支持与赞扬。

不仅如此，蓝天食堂还创新性地开发出两大超值服务——提供免费汤、卫生碗筷。这些在今天的食堂看来似乎是常规的做法，在当时可是蓝天食堂的一大创举。

在经营食堂的过程中，星星餐饮①考虑到有些顾客有饭后喝汤的习惯，这时如果去买一份汤，因为汤在分量上一般是固定的，顾客在饱餐后很可能喝不完一整碗，所以会造成浪费。如果食堂能够免费提供简单的汤，顾客按需取量，这给食堂增加的成本不多，但体贴地照顾到了顾客的需求，会让客户体验感非常好。

以前在食堂里，顾客都是自带碗筷的，也没有想过要求食堂方提供碗筷。星星餐饮借鉴在外面办快餐的经验，在食堂里也免费提供碗筷，这后来成为高校食堂的一个标准配置。食堂提供卫生碗筷，让师生两手空空地来，用餐后轻轻松松地走，让学生在食堂有了上餐馆的体验。这一系列的创新举措使得星星餐饮在学生中的口碑越来越好。

经营高校食堂，确实是一项利润微薄又非常辛苦的事业，没有吃苦耐劳的精神，根本坚持不下来。因此，在内部管理

---

① 1999年。"星星快餐"更名为"星星餐饮"。

上，根据刘成柏的建议，食堂招聘了青年女员工，专门承担窗口售卖和洗碗洗菜等劳动量较轻的工作。而且青年男女在一起工作，热情和效率高多了。女性的细致服务，也得到了学生的欢迎。

食堂大量的工作繁杂琐碎，以最简单的洗碗为例，就包括了六道严格的清洗程序：刮残渣——分类别——头道清洗——流水冲净——消毒——保洁，少了其中一个环节，就会让碗筷清洗达不到标准。一般规模的食堂，清洗一次碗，洗碗工需要在水池旁洗上 2～3 小时。

早点师傅张玉水当时在蓝天学院食堂做早点，他回忆道：每天都是半夜 3 点钟起床做事，早上 6 点钟，学生们还沉浸在梦乡中，食堂里各种早餐品种已经冒着热气，等待学生前来就餐了。

成本管理是食堂实现赢利的关键环节。管理不细致，"跑冒滴漏"现象多，就没有了利润。在当时没有太多经验借鉴的情况下，星星餐饮所有的利润可以说都是员工凭着"以公司为家"的精神，增收节支而来的。

欧阳志茂原来是锅炉工，由于蒸饭师傅家中有事辞职了，他就把蒸饭工作也承担了下来。员工魏朝鸿负责煮汤，当时是用蒸气煮，但学校规定下午 3:00 以后停掉蒸气。为了节约成本，他每天都是利用中午午休时间来煮汤。

在准备每一餐饭时，食堂需要各类用具全部到位。一切准备就绪后，就轮到窗口服务人员出场了。她们一手拿勺，一手拿碗，手起菜落，精准服务，一切都这样有条不紊地运作起来。

每天夕阳西下，直到晚上六七点钟，学生们全都吃饱喝足之后，大家才开始做扫尾、清洁的工序，忙忙碌碌的一天才算结束。

1999年星星餐饮进入高校的第一家食堂——蓝天学院食堂

1999年下半年开始，随着蓝天学院招生规模不断扩大，学生数量成倍增长。蓝天学院食堂作为星星餐饮进军高校的第一站，一年下来取得了不错的业绩。但更为重要的是，星星餐饮凭借蓝天学院的成功经验，为下一步的高校市场开拓做好了准备。李平金明白，中国高校餐饮市场潜力非常大，要想真正做成有影响力的高校连锁餐饮品牌，必须要进军公立大学、名牌大学，扩大影响力。

全国高校后勤社会化改革的步子刚刚启动，高校对外承包食堂的需求日益扩大，市场前景看好。这就要求星星餐饮必须在一到二年内迅速壮大起来，迎接即将到来的新机遇。

第八章

南大树品牌

后勤改革春风—南昌大学意外给出机会—大胆承包南大食堂—成功之后造大势—省内刮"中快餐饮旋风"

后勤改革

1977 年 9 月，教育部在北京召开全国高等学校招生工作会议，中国改革开放的总设计师邓小平在听完专家们的发言后，做出了全国恢复统一高考的重大决策，因"文革"而中断了 11 年的高考制度得以恢复。

这是一件意义无论如何拔高也不过分的大事。无数学子正是通过高考得以改变自己的人生命运，同时，恢复高考后的整体国民素质也得以稳步提升。

在恢复高考之后的二十年中，高考录取率始终徘徊在 40% 以下。1999 年，中国启动高考扩招，当年招生人数激增 51.32 万人，同比增长 48%，招生总规模达到 159.68 万人，录取率从前一年的 34% 飙升到了 56%。

扩招考验学校的，不仅仅是校舍和师资的问题，在一年中突增的大量新生涌入高校，使得很多学校的后勤服务能力无法匹配，供需矛盾非常尖锐。在原有的办学管理体制下，高校承担了很多社会服务职能，这使学校背上了沉重的包袱。据当时的统计数据显示，教职工中约有 1/5 是后勤职工，教职工住房与学生公寓、食堂及其他生活设施占学校所有建筑面积的一半左右。按照旧的模式，每扩招一个大学生，国家就需投入4.5万元左右。[①] 教育经费根本不足以支撑，后勤改革势在必行。

事实上，早在1985年，《中共中央关于教育体制改革的决定》就提出，要将高校后勤服务纳入社会主义市场经济体制改革的总体框架。但当时中国计划体制改革矛盾的焦点并不在高校，而在企业，因此，在很长一段时间中，此项改革进展缓慢。

国家已经在一定程度上预见到了扩招可能带来的后勤服务保障跟不上的问题。在扩招前的1999年6月15日召开的第三次全国教育工作会议上，朱镕基总理重提此事，指出"要把后勤从学校剥离出来，实行后勤服务社会化，鼓励社会力量为学校提供后勤服务"。这实质上就是想通过市场化的力量，解决高校后勤自身发展不足的问题。

当年11月，国务院办公厅在上海召开了第一次全国高校后勤社会化改革工作会议，对改革进行了动员和部署。李岚清副总理亲临会议并做了重要讲话，对推动高校后勤社会化改革的进程，保证改革的顺利进行，起到了关键性作用。

1999年，为了了解高校食堂市场的发展前景，李平金通过各种渠道搜集信息，并专门作了一些社会调查。他了解到，由于高校后勤缺乏竞争机制、职工工作积极性不高、隐形亏损较为严重等顽疾，江西高校正在酝酿后勤社会化改革。高校的后勤社会化改革已经是大势所趋。

2000年1月14日，国务院办公厅正式转发教育部等多部委《关于进一步加快高等学校后勤社会化改革的意见》，这成为高校后勤社会化的纲领性文件，给体制松了绑，使各高校改革

---

① 新华社.高校后勤社会化改革消除"瓶颈"学生食宿无忧，2002–12–25。搜狐新闻：http://news.sohu.com/86/66/news205226686.shtml.

有了政策依据。全国高校后勤社会化改革从此拉开大幕。

李平金凭借自己丰富的阅历，又一次敏锐地捕捉到了这一改革给餐饮业带来的商机。国务院文件提出的目标是"从 2000 年起，要用 3 年左右的时间，在全国绝大部分地区基本实现高等学校后勤社会化"。而作为几年来一直关注这一市场的李平金，在看到国务院的文件之后，预计江西高校后勤改革的步伐可能会更快一些，这主要是由于江西省当时地方财政相对紧张，把高校后勤推向社会的需求更加迫切。

现在很多人谈到企业家，会盛赞他们先于时代的直觉。但在企业家刚开始创业的时候，人们普遍会认为他们是在冒险。对于这个问题，现代管理学之父德鲁克曾深刻地指出：创业不代表高风险，因为真正具有创业精神的企业家，他们的直觉有着惊人的准确度，成功率很高。而很多企业之所以失败，乃是因为很多所谓的企业家不知道自己在做什么。[1]

那么，李平金又是如何抓住政策提供的大好机会，进而抢占高校食堂这个巨大的餐饮消费市场的呢？

挺进南大

有了蓝天学院的经验，李平金更加认定高校食堂市场前景广阔，大有可为。

李平金最想进入的是江西省的第一名校——南昌大学。江西人喜欢称之为"南大"。南昌大学作为江西省唯一的一所"211"名校，同时也是后勤社会化改革的试点高校。倘若能获得其食堂的承包权，无疑是占领了江西省高校的制高点，对于未来全省市场的拓展具有战略性的意义。

---

① 彼得·德鲁克. 创新与创业精神. 张炜译. 上海人民出版社，2002.9，pp. 33–35

但是以目前公司的实力，怎样才能打进南昌大学呢？李平金需要等待机会。

2000 年 5 月，刘成柏在与为蓝天学院送可乐的供应商的闲聊中，获得了一条重要信息：南昌大学北区二食堂由三名职工承包，经营不到半年就亏损了 2 万元，他们内部闹起了矛盾，想把食堂退还学校。

刘成柏把这件事报告给了李平金。李平金当即做出反应："机不可失，赶快请他带我们去认识一下那边的承包负责人。"

几天后，李平金、李四星、刘成柏就见到了南昌大学二食堂原来的承包负责人魏黑妹，并道明了来意。双方初步交谈后，对彼此印象都不错。但口说无凭，魏黑妹似乎还是不太信任他们。

李平金认为一切要用行动来说话。第二天，他特地找来一辆汽车，苦口婆心地把魏黑妹请上车，邀请她去蓝天学院食堂看看。李平金对她说："你的食堂我们诚心想要承包，我请你先看看我们经营的食堂，看后再说！"

魏黑妹在南昌大学食堂工作了 20 多年，经验非常丰富。在参观了蓝天食堂后，她感觉饭菜、卫生都比她想象中的要好，十分满意。李平金趁热打铁，诚恳地对魏黑妹说："你把食堂按原合同转让给我们，你们亏损的 2 万元我们补给你。你只要周一到周五来食堂转一转，让学校后勤处放心，我们每个月还会加付你 500 元的工资报酬。"

魏黑妹心想：不仅亏损的 2 万元得到了弥补，手边的烂摊子顺利转了出去，自己每月还有工资拿，这个李老板可真够大气！自己经营不好，不代表别人不行。她知道自己遇到合适的人了，便当即表示同意。就这样，经过一番商谈，李平金团队顺利接下了南昌大学二食堂。

这场谈判，给刘成柏留下了深刻的印象。从他的视角来看，对方已经处于经营亏损的被动局面，李平金只要略施计谋，压价拿下这桩买卖是顺理成章的事情。可是，李平金非但没有压价，反而将对方2万元亏损照单全收，还大方地给对方额外开一份工资，实在是不符合常规的操作。而当时蓝天学院食堂的生意他们好不容易才摸清门路，有所起色，为什么还要再往肩上添一份重担，冒这么大的风险呢？

但是，在李平金看来，拿下南昌大学食堂是至关重要的一步棋。这2万元，其实可算是一种战略性投资，可以为未来的市场开辟道路。附带的500元工资，则是为了进一步加深合作、赢得信任。魏黑妹毕竟是学校的正式职工，可以帮助他们应对未来与校方打交道可能面临的各种问题。

因此，面对不同声音，李平金力排众议："你们不干，我干！南昌大学食堂亏本，它的原因不是出在客源上，而是在于缺乏良好的食堂管理机制。并且，南昌大学在江西省高校中规模最大，影响力最大，做好南昌大学食堂能为我们今后发展打下基础，会在进军公办学校的过程中起带头作用。"

不仅如此，行动还要快。当时已经有风声传出，高校食堂不允许转包。如果魏黑妹或其他合伙人以此为理由拒绝，事情就会变得复杂。如果要等魏黑妹彻底经营不下去自己再想办法接手，那么首先这需要一段时间，其次学校可能会收回自营，也可能会面向社会招标……面对这么多变数，承包南昌大学食堂的计划就很有可能会泡汤。

那么，当时的南昌大学二食堂是什么样的经营状况呢？

由于改革的滞后，相较大众餐饮市场翻天覆地的变化，2000年左右的高校食堂依然沿用几十年不变的运作方式，并无太大改观。有句顺口溜这么说："垄断办食堂，质差价又高；学生意见多，矛盾餐餐闹。"

当时《北京青年报》的一名记者专门到一家京城高校调查，生动地记述当时食堂的状况。他发现的几个问题，与之前江西高校食堂的情况基本一致：

一是虽然食堂有盒饭和小炒供应，但由于厨师干多干少工资是固定的，所以他们的工作积极性不高，导致饭菜质量差，吃饭的学生寥寥无几。很多学生宁愿跑到校外的小吃摊就餐。

二是食堂饭菜价格高。记者记录当时食堂一盒最低标准的饭菜，包括酱黄瓜、榨菜肉丝、土豆和大白菜，卖到6元，而外面一碗牛肉面可以低至4元。

不仅如此，学生普遍反映食堂的卫生不过关，服务态度不好。

而这一切，均源于食堂自身的垄断地位和落后的管理体制，作为弱势群体的学生往往无可奈何，敢怒不敢言。

在李平金团队入驻之前，南大二食堂的经营情况确实很不理想。当时北区学生有3000多人，学生消费水平普遍不高，加上食堂地理位置不占优势，学生来进餐者寥寥，所以食堂日营业额仅有区区2000元。而北区校门口正对的江大南路一条街，餐饮店生意异常火爆，大学生为店中常客。

李平金和李四星商量后决定调派在蓝天学院食堂担任店长的黄伟林来南大任店长，李三星担任副店长。

黄伟林1977年出生，初中毕业。1996年进入万寿宫商城星星快餐工作，跟着李四星做厨师。他聪明能干，很快就熟悉和掌握了食堂各个环节的工作。之前在蓝天学院食堂时，他虽然年纪很轻，但是在师傅的鼓励下，管理有方，将蓝天学院食堂的各项工作安排得井井有条。

黄伟林到任后，按照公司的部署，主抓两个关键环节。一方面狠抓卫生，使学校领导和学生对食堂的卫生及服务感到很满意。食堂的安全卫生是头等重要的大事，也是学校在对外承包时最为担心的方面。为了让他们彻底放心，黄伟林带领全体员工对食堂进行了全面的清扫，大厅的卫生自不必说，仓库物品全部用货架陈列摆放整齐；菜房里的菜品分类码放；厨房灶台、下水道、地面、墙面、案板、冰箱等，不留任何死角，都清理得干干净净。在此基础上，内部人员再进行自检，不断整改。

另一方面他严抓菜品质量，坚持薄利多销，以可口的饭菜、合理的销售价格吸引学生前来用餐。黄伟林聘请了一些厨艺好的师傅，与李平堂等一起合作研制出多个品牌菜，增加花色品种，适应不同档次、不同地区学生的需求，合理搭配，不断提升菜品的特色和品相。渐渐地，二食堂在学生中的口碑越来越好，最高峰时竟吸引了整个北区约三分之二的学生来就餐，日营业额也由最初的 2000 元猛增至 7000 元，最高营业额曾达 10000 余元。

2006 年，星星餐饮更名为江西中快餐饮发展有限公司。"中快"商标也正式在有关部门注册成功。这时中快餐饮不仅是更新了公司名称，在食堂生产经营中也做出很多的改革创新事项。例如，黄伟林发现，早点师傅们做的馒头、包子在熟化时，要一笼一笼地码起来，搬上搬下，既费时又费力。为了简化这一熟化流程，使工人们更易于操作，他根据蒸饭车的原理，设计了蒸包子车的样图，交由南昌厨具公司制作。蒸包子车生产出来后，非常好用。这一工具后来在全公司推广应用，取得了良好的经济效益。

在原材料采购上，李三星经过认真核算，发现不能仅仅关注价格，还要关注原材料的出料率。以青椒为例，质量差的青椒，8角1斤，买50斤，除去青椒蒂和腐烂的部分，可用的只剩25斤，实际价格为每斤1.60元；而质量好的青椒1.20元/斤，50斤最后可以用的有40斤，每斤折算价格为1.50元。不仅如此，挑拣质量好的青椒可以省去很多劳动力。

中快旋风

得"势"之后，还要借"势"。在2000年这个关键时间节点，这个"势"既有中央要求全国高校3年完成后勤社会化改革的大势，让各高校有了改革的内在迫切性；也有李平金在承包南昌大学这个江西第一高校的食堂后在省内形成的品牌优势。

好风凭借力，送我上青云。"未来两到三年是这一市场的黄金时期，机会稍纵即逝，行动要快！"李平金多次在团队会议上这样说。商场如战场，既要守正，也要出奇，要趁竞争对手还没有醒过来，甚至还没有出现的时候，尽快占领市场。在他的鼓动下，团队成员迅速行动起来，跑业务的跑业务、招人员的招人员、培训的培训……在随后三年中，在江西高校刮起了一股"中快餐饮旋风"。

2003年12月30日，江西省委领导考察南昌中快餐饮公司承包经营的南昌大学食堂，亲切接见食堂全体员工并合影留念。

有了南昌大学食堂经营的品牌效应，以及一年多的食堂运作经验，加上团队成员的专业呈现，中快餐饮在当时的团餐市场可谓一枝独秀，竞争优势很快就体现出来。仅 2000 年，他们就顺利签下了华东交通大学、江西省民政学校、江西财经大学、江西省统计学校的四个食堂。到 2002 年底，他们共承包连锁经营了 17 家高校食堂，遍布南昌的各大高校。

正如李平金所预期的，在其他高校的招投标过程中，中快餐饮在南昌大学的成功经营，有时起到了决定性的作用。在他们的竞争对手中，有些餐饮公司虽然关系很硬，但是随着学校规模的扩大，很多高校的食堂通常不止一个，学校从适度引入竞争的角度考虑，一般不会让一家垄断经营，这就给了中快餐饮这样有实力的公司大量的机会。而随着中快餐饮在这一市场的美誉度的提升，甚至有一些高校主动与他们洽谈食堂承包事宜。

当时各高校后勤管理体制的情况基本类似，存在的问题也类同，但是在向社会开放方面，实际运作的差异很大。有些学校基础条件好，设施齐全，对食堂没有利润要求。另外一些学校则由于经费紧张，希望能通过社会化承包获得更高的回报，因而开出的承包费用较高。而高昂的承包费用，对刚刚起步的中快餐饮公司来说，无疑会带来经费上的巨大负担。

在这其中，值得一提的是华东交通大学三食堂的运作模式。

交大三食堂当时破旧不堪，需要较大规模的改造和装修，而且时间非常紧，距离下半年开学只有 20 多天。当时校方虽然同意让中快餐饮公司承包，但要求交 30 万元作为资质保证金。快速扩张中的中快餐饮当时资金并不宽裕，担任店长的刘成柏想到了一个融资办法：安装售卖饭卡的充卡机，让学生充卡预存一些钱，以此缓解资金压力。

由于担心资金的安全问题，最初李平金和李四星有些犹豫，但同意刘成柏试试看。于是刘成柏联系了售卖卡机的供应商金阳光公司，希望公司先行为设备垫资。通过沟通，考虑到未来更广阔的合作，金阳光公司答应了他们的要求。

2000 年 8 月 31 日食堂开张那天，装修还没有完工，只能一边装修，一边完善和调试这一新装设备。令刘成柏等人惊喜的是，当天学生就在卡机上充值达 11 万元之多。这下就解了流动资金的燃眉之急，也使得公司对做好交大食堂信心大增。

在经营南大食堂后，中快餐饮算是在高校餐饮市场正式登堂入室了。但是，要实现大规模的开疆拓土，必须要到全国各省市去承包食堂。李平金知道，按原来开餐馆的管理办法，带领一群"农民工"，是走不远的。他绝不满足于开一家仅仅只是赚钱的公司，而是要瞄准一个更大更长远的目标：打造一家持续经营的现代化餐饮企业。这就需要引入现代化的管理思想和方法，夯实管理基础，让企业迅速迈上正轨。

第九章

学习夯基础

推行"A 管理模式"—总结和积累行业知识—规范行为严格执法—建学习型组织—推"培育新人"打造高素质员工队伍。

管理体系

伴随着业务的扩张，中快餐饮的员工队伍迅速壮大。从 2000 年初的 200 人，快速增长至 2002 年底的 500 人，分店数量已达 17 家。按行业标准，它已跻身中型餐饮企业行列了。

李平金日益感到企业要实现持续扩张，做大做强，必须要解决管理滞后这一迫切问题。食堂经营是微利行业，除了需要加强成本控制之外，规范管理亦是企业做大做强的必备条件。

经营食堂首先要解决的是食品安全问题，这是所有高校后勤最为关注的事情。李平金曾说："什么是中快餐饮全体干部员工的头等大事？安全。什么问题能置中快餐饮于死地？食品安全事故。"然而，如果没有建立一个系统化的食品安全和质量管理体系，员工工作没有形成规范，安全问题就难以得到保障。

另一方面，食堂的工作较为艰苦，一线员工刚进公司时薪资待遇不高。在这种情况下，企业尤其需要建立一个公平的晋升和薪酬机制，让员工感到未来有希望，否则很难留得住人。

随着企业规模的扩大，现有员工素质的提升被摆上重要议事日程，并且还要采取各种措施，吸引大量高素质的专业管理人才加盟。在高校餐饮市场，负责跑市场的业务人员要拓展业务，首先要接触的是高校的各级领导和工作人员，没有经过训练的业务人员，能力是达不到这种沟通层次的。而且，高校餐饮的服务对象是在校大学生和教师，要为他们做好服务工作，也需要大力提升员工素质。

凡此种种，都对中快餐饮尽快提高管理水平提出了迫切的要求。

中快餐饮的管理问题绝不是头痛医头、脚痛医脚可以解决的，而是需要全方位地提升。李平金和李四星在中快餐饮大力倡导的第一套管理模式，是当时在国内风靡一时的"A管理模式"。

从20世纪90年代末到21世纪初，各大高校的MBA班、EMBA班、总裁班兴起，当时的管理培训界可谓风起云涌，涌现出刘光起、余世维、高建华等一批全国知名的培训师。他们多是较早进入跨国公司的职业经理人，最大的优势就是自身拥有管理实践经验，并率先接触到了一些西方管理理论，逐渐习得了一套规范管理模式。在此基础上，他们还努力结合中国企业的实际，尝试提出一套新的管理理念和管理方法。

"A管理模式"（"A"是指Administration的首字母）是一套系统化的企业内部行政管理模式，是一个"从上而下的、科学的权力

分配系统"。刘光起将其分为九个子系统：预算计划系统、垂直指挥系统、招聘任用系统、组织系统、横向联络系统、培训系统、企业文化系统、反馈系统、激励系统。

站在今天看"A管理模式"，可以发现，它较好地把西方科学管理的思想、管理的基本职能（计划、组织、领导、协调、控制等），加上企业文化建设的内容，用中国人能够接受的语言通俗地呈现出来。

2001年，李平金要求公司上下，尤其是带有管理职能的干部组织学习这一模式。他用这套管理模式，结合中快餐饮实际，为公司干部讲授如何当好店长、主管等内容，受到了广泛的认可。经过全员培训，公司职能分工进一步明确，岗位职责进一步清晰，人事、财务、市场、采购、安全管理等各方面的工作更趋规范有序，管理架构逐渐成形。

尽管如此，"A管理模式"也仅仅只是为中快餐饮提供了一个大致的管理框架，而涉及食堂工作的专业化内容，仍然有待企业自己去完善。

由于中快餐饮初期招聘的人员大多是初中以下文化程度，以前没有在正规单位工作过，组织纪律性相对较差，也不太懂得上下级、同事之间的相处之道。为此，李平金要求所有员工必须进行军事训练，从2000年开始，所有进入中快餐饮的员工都要在暑假进行为期一周的军训，以此加强对员工的纪律教育。

食堂的工作岗位虽然对员工的文化素质要求不高，一般员工由师傅带上几天就可以上手了，从事的也基本上是体力活，但是要做得专业，必须要有一套系统的制度来进行规范。而这些制度规范，在市面上并没有现成的教材可学。原来计划体制下的高校食堂，普遍是学校自己垄断经营，缺乏竞争，管理粗放，而无论是一般酒店业，还是西式餐饮，都与现代食堂存在很大的差异，其经验无法直接借鉴。

　　作为高校食堂市场的先行者，中快餐饮的各项工作都需要自己在摸爬滚打中加以总结提炼，将传统的技术和管理经验上升到理性层面，实现数字化、制度化、标准化的提升。中快餐饮以内部刊物《中快餐饮报》为宣传阵地，不断动员内部管理人员将各分店的管理经验记述下来，在内刊上发表，同时组织员工进行培训学习，实现管理经验的共享。

　　经过宣传发动，公司各部门的经理、分店店长纷纷拿起笔，创作了多份内部"宝典"和作业指导书，如各部门工作流程和《店长工作手册》《安全手册》《天厨宝典》《大锅菜手册》等专业岗位指导书。这些书籍带动了内部浓厚的学习氛围，推动了人才的成长，为中快餐饮管理模式的复制推广奠定了坚实的基础。

中快餐饮集团各部门工作手册

在市场方面，随着竞争日益加剧，对营销专业化的要求也越来越高。公司当年的市场部部长刘星桥回忆，最开始的投标比较简单，标书基本上就一两页纸，主要介绍公司资质和经营业绩，校方的程序也不太严格。到后来，标书增加到十多页，校方还要举办正式的招标评审会，有评标专家根据指标逐项打分。到今天，标书越做越长，达到上百页之多，厚厚的一本，装帧设计十分考究，这已经需要十分专业的水平了。

当年公司的财务部部长刘成柏边学、边做、边教，不断积累，编出了一本多达 20 万字的《财务宝典》，并累计为中快餐饮培训了 1000 多名财会人员。

在菜品方面，中快餐饮专门成立了技术部，既做产品研发，也对分店产品进行技术指导。负责此部门的李平堂编写了十几万字的培训教材，包括《十大品牌菜》《厨房管理实务》《烹饪基础》《如何做好创新菜》等，使得中快餐饮在菜品方面能够不断推陈出新。

经过日积月累，李平金团队对于现代食堂管理运作的理解日臻完善，形成了一个专门的知识体系。他于 2009 年专门编著的《现代食堂管理》一书，由北京大学出版社出版。这本书是中快餐饮十多年来在食堂经营管理方面的集体经验总结和理论提炼，是目前为止对现代食堂管理阐述得最为系统、最接地气的专著。李平金关于现代食堂管理的理论也被选入了《新时期中国高校后勤管理创新的理论与实践》一书。

法重于情

制度制定好了之后，贯彻执行是另一个重大问题。中国人相信：徒法不足以自行。好的制度能否贯彻，最终取决于人的因素。

中快餐饮在创立初期，员工绝大多数是来自于庐山市的同乡，相互之间沾亲带故，在一个店里工作，亲如一家人。这种人员的构成很大程度上决定了中快餐饮的日常管理必然是亲情式的。在公司成立章程的附则第二十九条中，就写有"公司现代化管理，分店家庭温情化模式"，如同所有的家族企业一样，企业既要实现现代化管理，又要理性处理好亲情关系。

李平金和他的团队在成立之初，内部就达成了一种共识：为了企业的长远发展，必须依法依规办事，将亲情放在后面。在法、理、情之中，公司法规制度第一，合不合理排第二，有制度的按制度规定处理，亲情排第三。亲戚朋友是重要的依靠力量，但仍然要坚持"任人唯贤"，而不能"任人唯亲"，否则企业管理难以开展，企业无法做大。尤其是，如果身为"立规者"的高层管理人员带头破坏制度，将会给企业带来灾难性的后果。

正是因为李平金和李四星等公司领导的以身作则，中快餐饮的管理团队都能严于律己。王宝林在当了经理之后，有一个从小玩到大的好友想让他帮忙在食堂弄个摊位经营，被他拒绝了。朋友责怪他太不顾情面，这种小事都不肯帮忙。他虽然在情感上有些内疚，但仍然不为所动："我认为只要是公正公平的事，最后大家都会理解的。在公司负责，要以事业为重，要按公司制度规定和流程来办事，不能凭个人感情用事。当干部的应当把公司的利益放在第一位。"

现代管理学研究发现，对领导人无私品质的要求是华人组织独有的维度。这一点在西方，甚至日本的家族企业都不常见。[①] 在华人圈子中，尤其是家族企业中，对德行的推崇是特别明显的。领导人或管理者最大的失败在于失德，其次才是业绩差。

读报文化

李平金深信文化对人有潜移默化的力量。早在城门山当矿工时，他就是学习毛泽东著作的积极分子。后来通过不断的自学、撰稿，他了解到文化传播对人的巨大影响力。一个人活着，需要吃饭，但支配他一切行动的则是思想，即他所接触到的文化知识和信息。吃住解决人的生存，思想文化观念决定了一个人成为什么样的人，所以显得更为重要。

---

① 郑伯壎.差序格局与华人组织行为.本土心理学研究，1995 年第 3 期.

企业文化的形成过程，就是企业家和高层管理人员通过内部各种传播渠道，将理念、价值观和制度在企业内部进行传播的过程。企业家在创办企业时，会很自然地把自己个人鲜明的价值观、思维理念倾注到企业之中，从而影响全体员工。经过长期的耳濡目染，企业上下就会形成一种独有的价值观念和办事风格。

中快餐饮成立至今，坚持办好《中快餐饮报》，面向中快餐饮全体员工不断宣传公司工作目标、计划、产品制作和安全管理经验，同时表扬先进、批评不良倾向，以激发员工工作热忱。报纸的风格就是一条：简短，通俗，贴近员工。几段话、一两百字就把一个道理、一件事情说得明白透彻，并且好懂可学。这份小小的报纸，就成了很多中快餐饮员工接触和自学专业知识的一个重要平台。它也像是一所函授学校，成为中快餐饮员工学习和探讨业务的"课堂"。

创业期间，在李平金身边同他一起出过差的人都知道他有读报的习惯，经常组织办公室年轻人读报写心得。

对于《中快餐饮报》，他要求各分店在班前会或分店大会上要组织员工选读文章，并在内部张贴，让员工在工作闲暇时抽空阅读，这是公司一项学习硬任务。

刚开始的时候，很多经理和店长对此都

不太重视。有些人借口工作忙，不但自己不看，还不按时下发到基层。李平金对此高度重视，经常下基层亲自进行督查。

有一天，江西公司的一名经理突然接到了李平金打来的电话。李平金询问他负责的门店是否已经分发了《中快餐饮报》。经理内心一颤，但还是抱着侥幸心理回答说："发了，分店都发了。"

李平金又问："江西师大分店的也发了吗？"

经理说："发了。"

李平金大怒："发了？发了怎么店长说没有！我们现在就在师大分店，你事实上没有将报纸发下来。这是集团人员花了心思编辑出来的报刊，为什么不下发到分店给员工看？这浪费的可不仅仅是钱！是对员工教育培养的冷漠，这难道就是你对待工作的态度吗？"

事后，这位经理对自己的行为感到十分羞愧，他向李平金道歉。李平金说："你不应该向我道歉，你应该向分店的员工道歉。人非圣贤，孰能无过，日后一定要重视报纸的发放工作，中快餐饮的读报文化要靠你们经理、店长传承下去！"

正是在李平金日复一日的坚持下，中快餐饮全国各省市的分店工作经验交流十分畅通，借助报刊的影响力，他所强调的诚信、勤俭、舍得、务实的理念和产品标准得到了很好的落实。

培育新人

除了大规模招聘一般的食堂工作人员，中快餐饮另一个重要的人才引进渠道是面向大学生的招聘。这是李平金一直以来高度重视的一项工作。他在董事会上明确提出中快餐饮要实现"三个经理中至少有一个大学生"的目标，希望借此改善公司整体的人才专业结构。

2007年中快餐饮集团首届业务经理培训班合影

2000 年，他亲自为中快餐饮招聘到了第一个大学毕业生，来自江西师范大学的盛国庆，他后来成长为人事部部长和单品公司总经理。

盛国庆刚进入中快餐饮时，先在食堂各部门进行了实习，从捡菜、洗碗、售卖、采购、搞卫生做起，样样都干。入公司第二年他就担任了南大南区五食堂的店长，被誉为"升官最快的一位大学生"。

李平金招聘大学生有自己独特的方法：应聘者一进办公室，他首先让其念几段报纸，从中可以看出一个人的文化水平和表达能力；再让他填应聘表，问一问家庭情况；然后询问其是否做过什么成功的事情或是遇到过什么失败，又是如何克服的。李平金会从应聘者成功或失败的经验教训中，观察他的为人和处世、谋略和胆识、胸怀和志向。

他特别青睐农村出来的大学生，他认为从农村出来的人相对更能吃苦，更能适应食堂工作。他还认为，招进来的大学生最好担任过学生干部，这样就有更强的组织管理意识，更有培养前景。对于很多熟悉他的大学生来说，李平金就像一位大家长，对他们关爱有加。

张灏秉是江西财经大学人力资源专业毕业的本科生。2010年加入中快餐饮后，他积极肯干，表现突出。到2012年9月，集团号召大学生下分店当店长时，他被调到湖北公司长江大学四食堂担任代理店长。他一直记得自己上任前，接到李平金董事长打来电话嘱咐他的几句话："店长工作一定要把握好两点：第一，同期同市场营业额和利润要有所增长；第二，杜绝安全事故的发生。"张灏秉在日后的工作中谨记这两点，工作勤勤恳恳，认真谨慎。

让大学生李哲印象最为深刻的是，他参加工作不久，寒假时打算第一次去女朋友家。李平金知道后主动找到李哲问："需不需要借点钱？到女朋友家不要太寒酸了。"李哲返回南昌时，特地给李平金准备了一小份老家土产品，结果却被他婉言谢绝了。这让李哲深刻感受到中快餐饮倡导的廉洁的企业文化真不是说说而已，而是体现在高层领导的一言一行之中。

2003年5月，李平金亲自到四川烹饪院校招聘大学生，通过他的面试，招来了10多名大学生。他们被分配到江西和深圳的中快餐饮公司的各个食堂，10多年过去了，很多人陆续离开了，但仍然有不少人坚持下来。在这其中，汪超现任单品面夫子总公司总裁，而邱永秀在商学院和《中快餐饮报》编辑部干得很出色。

针对中快餐饮干部中大学生比例少的情况，李平金在大小会上都讲要引进和使用大学生，并大力推荐蓝赟、李成祥、胡文学、段晓辉、朱英鹏、张智平、彭艳绒、耿家发、周荣鑫等人。他还提出，在集团和公司班子中任用大学生要做到三结合：一是老、中、青相结合；二是不同专业知识相结合；三是不同性格相结合。

正是由于李平金的重视，很多大学生在中快餐饮既感到有压力，也感到有奔头。他曾经以董事会办公室的名义写过一封致实习大学生的公开信，内容简短而精彩，可谓字字珠玑，很能代表他对大学生的期望。他对在中快餐饮实习的大学生提出了三点建议：一是希望大学生能学以致用，让他们写一篇与高校团餐业有关的论文；二是要求各部门尽力为大学生论文写作提供资料，公司成立论文评审小组，推荐优秀论文在内部刊物刊登；三是为了促进大学生进步，要求他们每月提交两篇500字的实习心得。

"积土成山，风雨兴焉；积水成渊，蛟龙生焉"。对于一家企业来说，体系化的管理是一项基本功，是着眼于发展的长远之策。有了良好的管理机制，才能真正搭建一个发挥专业人才作用的平台，才能更加吸引优秀人才加盟，从而改善人才队伍的结构，实现企业与员工的共同进步。正是对人才招聘与培养的重视，才使中快餐饮后来十多年的快速扩张的人力之需得到了满足，从而保证了公司的发展驶入快车道。

第十章

江西到全国

立志跨出江西—把握来自深圳的机会—特区成功创业—赴杭州竞标成功—入驻上海复旦大学—打造中快餐饮高校食堂品牌—向全国全面拓展—成立专业公司—成功登顶高校市场。

南下深圳

在李平金看来，随着中国高校后勤社会化改革的进一步深化，2000 年之后是这一市场启动的黄金时期，机会非常多。在大多数中快餐饮人看来，当时的中快餐饮仍然是一条小鱼，江西这个蓝海市场已经足够其畅游了，出省没有太大的迫切性。

但李平金认为好的机会稍纵即逝，企业在市场中如同逆水行舟，不进则退。如果中快餐饮不扩张，小富即安，那在未来激烈的市场竞争中就会处于劣势。

2002 年 5 月，在李平金和李四星的鼓励下，李成林曾带领一个团队奔赴北京，在这个中国高校食堂密集的城市开拓市场。他们的想法是：如果能在首都高校食堂占有一席之地，那无疑是占领了全国高校食堂的一个制高点。到时候就可以有效实现复制扩张市场的经验，将中快餐饮品牌快速推向全国。

然而，李成林到了北京之后，却发现首都高校食堂的后勤化改革步子比江西慢了几拍。很多高校的食堂承包事宜似乎仍未提上议事日程，市场非常不成熟。几个月下来，他们仍然没有承包到一家食堂。

一个偶然的机会，李成林得知位于河北廊坊的东方大学城有人想转包食堂，于是赶快去接洽，最终谈妥价格，于当年 8 月入驻。但事有变数，他们只经营了一个学期，学校就坚持要将食堂收回。在撤单返回时，转包商还耍起无赖，想侵吞他们十几万元的押金和营业款。经过斗智斗勇，他们还是把钱要了回来，但走出江西的第一次尝试最终铩羽而归。

2002 年底，李平金在报纸上看到来自浙江的一则新闻：从 2000 年起，浙江陆续在杭州、宁波、温州三地高标准兴建 6 大高教园区，规划占地总面积 3.9 万亩，校舍占地面积 1138 万平方米，总投资 219 亿元，预计在 2005 年秋季建成。届时浙江全省 68 所高校将有 37 所进驻，共容纳学生 33 万人。①

更让他眼前一亮的是，报道提到，进入高教园区的学校，不再自办后勤，而是实现办学模式的根本转变，推进高校后勤社会化改革。后勤服务设施在规划设计时就从高校母体中剥离，转由社会力量或高校后勤企业投资、建设、经营。浙江著名民营企业耀江集团作为先行者，先后在宁波、杭州的高教园区投资 10 多亿元，建设 58 万平方米的学生公寓和食堂，为 7 所高校、4 万名学生提供后勤服务。

2003 年初，李平金专门到杭州，找到了耀江集团相关负责人进行洽谈。最终耀江集团同意将浙江理工大学玫瑰园食堂一至三层承包给中快餐饮，年租金 60 万元，双方还签订了意向合同。但是在回中快餐饮之后，当李平金将此事提交到董事会讨论时，却遭到了质疑。其他董事都感觉租金太高，风险太大，不如先把江西市场做好、做精。

---

① 江南 . 浙江：三年崛起六座大学城，中国教育 2002–11–07. http://www.edu.cn/edu/gao_deng/gao_jiao_news/200603/t20060323_62980.shtml

在李平金的鼓动下，公司股东们到杭州进行了二次考察，最后在股东会上进行投票表决，投票结果："不去浙江。"

对此，李平金感到很无奈，他说："我虽然是董事长，但是股东集体表决不去浙江的结果，我必须得尊重。"之后，他与耀江集团的有关人士进行了沟通，取得了谅解。

时间一晃到了2004年春节，有一个从中快餐饮离职的罗店长从深圳打工返乡。他专门找到李四星报告了一个情况：深圳中兴通讯下属有一家兴联兴餐饮公司，公司有3家食堂，原来由员工承包，但经营亏损，他们打算转让。罗店长问他们感不感兴趣。

李平金和李四星感觉这事跟南昌大学二食堂的承包基本相似。这家公司有合法的营业执照，还有3家现成的食堂，只要运作得好，就可以作为跨出江西省的试验。能够去深圳这样的一线城市，对公司来说也将会是一次全面的提升。

董事会集体讨论决定："可以去试探。"

2004年4月，李四星带领刘星桥、黄伟林、李五星等人前往深圳。经过几轮谈判，最终以20万元收购了深圳兴联兴餐饮公司。为了帮公司培养更多有能力的领导人，李四星让黄伟林担任总经理，弟弟李五星任副总经理，他本人只在公司担任顾问一职，而刘星桥则负责带领市场业务人员，探寻新的业务。

深圳的高校只有几所，但工厂却有很多。

他们接下的第一单是淇誉电子工厂的食堂。大家满怀信心、没日没夜地辛苦工作，都想让这新接的第一家店开个好头。但工厂管理食堂的负责人要求用套餐模式供餐，即固定餐标、品种少、员工不能按需选择。这样的套餐模式不利于发挥中快餐饮"多品种、多价位"的特长。最后谈判未果，甲方强势终止了与中快餐饮公司的合作。

为了解决公司的出路问题，刘星桥等奔走于深圳市的各个工厂、企事业单位。几个月后，他们终于与深圳市罗湖区劳动局签下合同，经营该单位的职工食堂。

一位曾参加开拓深圳市场的中快餐饮元老提起此事时，还是不免感慨："刚去的时候，连续亏损了几个月，差一点就准备打道回府了，是李四星师傅一直鼓励大家要坚持下去。那个时候是师傅从自己的工资里拿出钱来补贴我们。"

罗湖区劳动局食堂建在工业区里，面积只有600平方米，客源非常不稳定，但好处是经营方式自由，不受太多的限制。大家很珍惜这次机会，尽己所能做好本职工作。营业额从开始的每天400元逐步上升，最后居然做到了6000元，可以说是一个小小的奇迹。不仅如此，中快餐饮还与劳动局领导建立了友谊。

"酒香不怕巷子深"，罗湖区劳动局食堂的高品质逐渐吸引了附近的深圳国威电子厂的员工。该厂很多员工经常成群结队地到劳动局食堂用餐，这引起了国威电子厂领导的注意，他们也来到中快餐饮食堂了解情况。

不久，经过劳动局领导的引荐，国威电子厂的朱经理主动接洽中快餐饮，请中快餐饮来承包自己工厂的食堂。谈判时，黄伟林等人坚持要求厂方给予经营上的相对自主权，特别是在供餐模式上，希望厂方把一贯使用的套餐模式改为自选模式。厂方爽快地答应了。

2004年10月1日，黄伟林带领团队进驻国威电子厂食堂。这家公司管理极为严格，对食堂的管理要求同样也很高。但是中快餐饮将其看成是提升自身的一个机会，在甲方的督导下，按公司的要求一条一条照办，从卫生安全、饭菜质量、仪容仪表等各个方面，从严管理。经过边干边学边实践的磨砺，这家分店最终成为中快餐饮在深圳的标杆食堂。营业额从开始每日 8000 元逐步升到 10000 元，后来每日营业额甚至做到了 30000 元，其服务质量更是受到公司上下的一致好评。

到 2006 年下半年，中快餐饮深圳公司实现大丰收，连续签下了五个大单，效益都非常好。至此，中快餐饮算是在深圳这块创业热土上站稳了脚跟。

中快餐饮集团承包的清华大学深圳研究生院食堂

东进浙沪

深圳扩张的成功，使得李平金认为向全国扩张的时机到了。深圳虽然是一个重要的团餐市场，但这其中主要是企业食堂，高校餐饮所占份额不多。中快餐饮如果想要进军全国高校餐饮，成为这一领域的佼佼者，还需要另辟渠道。他再次把目光投向高校资源密集的长三角地区。

2005 年 4 月，李平金再次找到耀江集团领导，询问是否还有食堂可以承包。对方回复说，浙江理工大学原来的食堂已经承包出去了，不过另有一个新开的紫薇阁食堂由浙江理工大学后勤处对外招投标，但是需要等几周的时间。

李平金一想，正好可以利用这段时间，再拜访一下浙江其他的高校，了解当地市场。于是他带几个人提前到了杭州和宁波。此时的他虽然已经是个中型企业的董事长，却丝毫没有那种老板的派头。他找了一家快捷酒店住下之后，带着王宝林、陶继军拜访各所大学的后勤部门，每天早出晚归，在这期间吃了无数闭门羹，遭受了无数次冷眼。

有一次，李平金去一所知名大学后勤处拜访，当时处长不在。办事人员是一个小姑娘，她很不客气地对他说："你到外面去！"李平金后来感叹道："找市场业务，不但要吃得起苦，还要受得了气，即使遭到白眼，也还要去争取。"

有一次他们到浙江纺织技术学院食堂准备吃中饭，得知刚出门的人正是学院后勤集团总经理，李平金和王宝林便顾不上吃饭，追上这位总经理，来到他的办公室洽谈承包食堂的事宜。虽然那天没能吃上中饭，但是因为承包该院食堂有了希望，两人都十分高兴。

在投标浙江理工大学紫薇阁食堂的那天，投标答辩结束时，时间已经是下午 6 点。校方让他们先回去等电话。他们只好回到旅店焦急地等待结果。

"叮零零……"到了将近 8 点的时候，清脆的电话铃声响了起来。李平金一边拿起电话，一边让其他人关掉电视。

对方是浙江理工大学后勤处的工作人员，他一板一眼地对李平金说："经过评审，最终确定你们中快餐饮公司作为我们学校紫薇阁食堂的承包方。你们明天过来签协议，准备下学期入驻。"

挂断电话后，大家都看着李平金。只见他一摆手，说："有好消息，我们中标了！走，吃西瓜去！"他的这次吃西瓜庆祝中标，至今还是中快餐饮的美谈。

跟他一起闯荡浙江市场的有刘成柏、王宝林、陶继军、徐德海等人。多年后说起这段往事时，他们还是感到非常振奋。但是给他们留下更深印象的是，李平金要求他们每天晚上轮流读报谈体会的情景。

中快餐饮集团承包的浙江理工大学食堂

相比浙江的艰难第一单，入驻上海这一中国经济中心的进程却显得出奇顺利。

随着中快餐饮实力的增强，李平金经常参加一些全国性的团餐行业交流会，一方面是为了了解行业动态，另一方面是为了加强与国内同行的交流，寻找商机。

2005年5月，李平金在北京参加团餐会，主办方把他和上海交通大学后勤处的李荣经理安排在一个房间。在交谈中，双方得知彼此都是从事高校食堂餐饮的，距离一下子就被拉拢了，越谈越投机。通过李荣介绍，李平金了解到了不少有关上海高校餐饮市场的有价值的信息。

在返回南昌时，李平金邀请李荣经理到南昌中快餐饮经营的大学食堂来考察。通过参观，李荣惊奇地发现这个处于内陆地区、看上去不起眼的中快餐饮公司在很多方面居然比他们上海交大后勤做得更好，更有劳动力和分配机制的优势。于是在当年7月，经李荣经理引荐，中快餐饮承包了复旦大学张江校区的学生食堂。8月，李平金带领几十个人顺利入驻复旦大学食堂。

作为中国的经济中心，上海是一个高校云集的城市，李平金一直对其寄予厚望，一度甚至想把总部设在这里。他说："上海人一开始有些看不起外地人。有一次，我和刘星桥去拜访上海某高校后勤处的领导，对方听说我是江西来的时，连连摆手说：'江西公司不行！不行！我们上海人都做不好的事，江西人哪能做得好？'但是后来中快餐饮经过努力，最终得到了这位领导的认可，进入了这所高校，承包了3个学生食堂。这充分说明，上海人最终还是认可能力的，这是上海人的优点。"

中快餐饮在上海经营复旦大学食堂的成功，与最初在江西成功经营南昌大学的食堂有着几乎同等重要的意义，从此便叩开了进军长三角和全国高校食堂市场的大门。此后，在不到3年的时间内（2005—2007），中快餐饮的服务院校从复旦大学、上海中医药大学、华东师范大学等名校，一路扩展至苏州、南通、无锡、南京、徐州、合肥等各大城市的"211"、"985"高校，在这一极具价值、竞争也极为激烈的长三角高校食堂市场上高歌猛进。

攻城略地

2006 年，中快餐饮在 6 个省份（江西、广东、浙江、上海、江苏、湖南）共开设了 68 家分店，开店数量比前一年增长了 100%。这一年，李平金在公司内部提出一个愿景：要成为中国高校餐饮第一品牌。为此，中快餐饮在经营收入、开店数量上需要保持每年增长 30% 的目标。当时内部有很多人对此并没有太当真："中国高校餐饮第一品牌"，每年增长 30%，怎么可能？

到了 2010 年，当中快餐饮的分店数量达到 200 家的时候，中快餐饮的干部员工猛然发现，李平金所提出的目标好像并不离谱，而是可以实现的。但这个时候，李平金在原来的基础上，又一次明确提出了新的目标：要在 10 年左右的时间里，开设分店 1000 家。

在对企业的研究中，最神秘、最难解释的部分就是企业家的直觉和远见。战略管理学家明茨伯格认为它既是一种灵感，又是一种对战略任务的感觉[①]。对于很多仅关注人、财、物等有形资产要素的人来说，企业家远见卓识的贡献往往会被轻易忽略。

纵观中快餐饮的发展历程，可以发现李平金提出的愿景和宏伟目标，对公司发展起到了无可替代的振奋人心和引领进步的作用。《基业常青》中有一段话，非常贴切地说明了愿景和宏伟目标的这一作用：

胆大包天的目标可以促使大家团结——这种目标光芒四

---

① [加] 亨利·明茨伯格，布鲁斯·阿尔斯特兰德，约瑟夫·兰佩尔. 战略历程：纵览战略管理学派 [M]. 刘瑞红，徐佳宾，郭武文，译. 北京：机械工业出版社，2001.9: 88.

射，动人心弦，是有形而高度集中的东西，能够激发所有人的力量，只需略加解释，或者根本不需要解释，大家立刻就能了解。①

从中快餐饮的实际扩张过程看，在 2004 年深圳成立第一家省外公司之后，基本上保持每年新增 2～4 家省级公司，分店则以平均每年 50 家左右的速度增长，到 2018 年，中快餐饮的分店已经遍布国内 30 个省、区、市。

中快餐饮在各省不断拓展的过程，堪称一部丰富厚实、可歌可泣的内部员工创业史，这部历史后来部分被记载在其内部发行的《中快餐饮人物小传》一书中。其中比较突出的有：市场部部长李成林在 2009 年一年中组建了天津、陕西、湖北和福建 4 家省级公司，创造了 3 年内开 7 家省级公司的辉煌业绩；程光仁在天津公司用两年时间增加了 17 家分店，且都具有良好的经济效益，使得天津公司迅速成长为中快餐饮集团中业绩最好的公司之一；李代友在陕西公司负责时，一年接下了 9 个食堂，当时面临员工招聘、供应商协调、财务紧张等多重压力，但他最后还是硬扛了下来……

在东部和中部省份陆续完成布点之后，李平金却没有半点要停下脚步的意思。他又瞄准了相对偏僻的大西北省份，如宁夏、新疆等。2015 年，李平金带领李响、尹德虎等人对这两个地方进行考察，通过品尝清真食品和与当地的人进行交流，李平金了解到清真餐与汉餐的不同，但认为两者大部分的食材和烹饪方法是基本相同的。他说："宁夏、新疆两地的餐饮市场中，目前在团餐领域还没有连锁经营的大型企业，中快餐饮进入的优势非常明显。我们在这些地区做清真餐，开始或许并不

---

① ［美］詹姆斯·柯林斯，杰里·波勒斯. 基业常青. 真如译. 中信出版社，2002.5: 122.

能与当地人相提并论，但是可以通过不断学习来改进提升，学好之后不仅仅可以在当地做，更可以承包全国各高校的清真食堂。各高校对开办清真食堂一般是有优惠政策支持的。另外，从全世界来看，伊斯兰教是三大宗教之一，全世界有十多亿人信奉伊斯兰教，中东地区就是一个非常大的市场，如果能够把清真餐做好，那么不仅仅是新疆、宁夏地区，我们甚至可以走向世界。"

新疆、宁夏两家公司分别在 2015 年和 2016 年相继成立，几年下来，两家公司的发展势头都相当不错。

李平金还认真考虑了要将中快餐饮推向全世界，以实现他建立跨国企业的梦想。2016 年，中快餐饮深圳公司在东莞的一家客户到越南开设了新工厂，希望中快餐饮可以跟着出去承包他们在越南的工厂食堂。李平金认为："这也许能成为我们迈向世界的第一步！"

但是在向公司员工发起意愿调查后，结果让他大失所望，没有几个人愿意前往越南。这其中既有员工不愿意出国的原因，也有其他股东对出国后能否成功复制国内经验存在担忧的原因。最终，这一计划不得已搁浅了。

尽管如此，2018 年，新一届董事会还是决定成立海外事业部，并出台了相应的激励方案，希望能够鼓励有志向的员工投入到这一全新的事业当中去。

行业深耕

如果说地域上的空间拓展主要是"量"的扩张，那么专业化单品公司和专业市场公司的成立则代表着"质"的提升，也是中快餐饮在产业链上的拓展尝试。

2007 年初，江西医学院第二附属医院食堂有个厨师因与其女朋友吵架，影响了个人情绪，炒出来的菜不合质量要求，顾客有了意见。这让店长刘清河萌生了实现快餐标准化，以保持质量稳定性的想法。4 月，他向集团提交了一份《中餐标准化可行性报告》。李平金和李四星对此很重视，专门开会进行研究，最后由李四星牵头，刘清河等人参与，筹备成立大食头公司，拟生产经营标准化快餐。最终，他们与南昌大学后勤集团合作成立了"南昌大食头餐饮公司"。此后，中快餐饮相继成立了各类单品总公司，如专做包子、饺子、烧卖的面夫子总公司，专业做各种面条及浇头的面行人总公司，专业做盖浇饭的小米姑娘总公司，以及专业做团餐复合调料的团餐调味品公司。这些单品公司不仅服务中快餐饮内部，而且服务于全国团餐行业，从而全面扩大了中快餐饮在行业中的影响力。

小米姑娘总公司

由于团餐市场专业化程度的不断提升，细分市场的潜力也被充分挖掘出来。中快餐饮在重点部署高校食堂市场的同时，较早就进入了医院和中学食堂的市场。随着市场规模的扩大和人民物质生活条件的改善，这两块市场的独特性也越来越明显。于是，中快餐饮旗下便有了中禾百年餐饮总公司（面向中小学）、中康餐饮总公司（面向医院）两家专业子公司的成立。

"待到山花烂漫时，她在丛中笑。"一路走来，中快餐饮人以饱满的创业激情，兵不解甲、马不卸鞍地冲到了市场的最前端。到了 2019 年，在全国餐饮协会公布的百强榜中，中快餐饮排名进入前十，在团餐市场，中快餐饮排在了前三。在高校食堂这个市场中，中快餐饮成功实现登顶，排名第一。

第三篇

创造与梦想

我一直深信，如果世界上有任何"成功秘方"，其中最关键的元素必定是你对成功的欲望远远大于对失败的恐惧。

——李嘉诚2012年汕头大学演讲

《我很在乎未来》

第十一章

中快何以赢

团餐是一日三餐的刚需，是民生产业，是大众健康工程，是永恒的产业。

——李平金

中快餐饮从无到有，用 26 年做成了一个分布全国的大企业，打造了一个亿万人认可的大品牌，为广大消费者持续创造价值，这是企业家可以与文学家类比之处。伟大作家所构造出的文学形象，如孙悟空、林黛玉、诸葛亮等，是不朽的，而一个企业有了品牌，就有了自身鲜活的生命和独特的个性，可以脱离创办者个人而持续存在，从这个意义上看，伟大的品牌也可以是恒久的。

可口可乐公司的一位总裁曾说过：假如可口可乐公司的所有工厂被大火全部烧毁了，但是由于"可口可乐"这个品牌的存在，第二天，有很多的银行都会抢着给可口可乐公司贷款，可口可乐公司很快就会将工厂重建起来。

因此，对于企业来说，品牌具有重要价值，是最核心的资产之一。可以这样说，中快餐饮不断发展的过程，就是不断将各种资源注入"中快餐饮"这个品牌的过程。时至今日，在中国的团餐行业和高校食堂市场上，中快餐饮已经成为一个响当当的品牌。

那么，对于中快餐饮的员工来说，"中快"二字意味着什么？

这不是一个用一两句话就可以回答的问题。

管理学大师彼得·德鲁克先生讲过一个流传很广的故事。有人分别问三个正在干活的石匠：你们在做什么？第一个石匠回答："我在养家糊口。"第二个石匠边敲边回答："我在做全国最好的石匠活。"第三个石匠仰望天空，目光炯炯有神地说道："我在建造一座大教堂。"①

这三种回答反映了企业内部不同员工对于企业的三种态度。具体到中快餐饮，第一类员工会认为在中快餐饮可以找到一份较好的赚钱养家的工作；第二类员工会为能在中快餐饮这个大平台上施展自己高超的厨艺、营销技能而感到自豪；第三类员工认为自己是在为中国大众的健康事业作贡献，实现个人最大的人生价值。

这里无意批评第一个和第二个石匠，每个人追求的目标不尽相同；各就其位，各尽其力，是合乎人性和社会运行规律的。在这里，我们想强调的是，就品牌建设来说，第三个石匠对企业的贡献显然是最大的。正是李平金等人从一开始就抱定建造一个伟大公司的想法，才有了中快餐饮的今天。

李平金是个喜欢追问"为什么"的人。他经常在中高层干部会议和内部交流上提出一些问题，如"中快餐饮为什么能成功""假如我是公司负责人"等，然后倾听管理人员和一般员工的意见，并以此为基础，鼓励他们一起思考中快餐饮的未来。在中快餐饮的内部刊物上，刊登了几篇以"中快餐饮何以成功"为主题的文章，作者往往会列出 5 到 20 个不等的原因。

李平金对此也给出了他本人的回答。他于 2018 年撰写了《高校餐饮服务的"中快餐饮模式"》一文，发表在《高校后勤研

---

① ［美］彼得·德鲁克. 管理的实践. 齐若兰译. 北京：机械工业出版社，2006.1.

究》杂志上，其中提到了"中快餐饮模式"由四个创新组成：管理创新、合作创新、服务创新和用人创新[①]。

在这四个创新中，后三个分别针对合作伙伴、股东，客户和员工等方面，而管理创新则是一种创新的制度化，是其他创新的基础和保障。

笔者曾当面请教李平金：中快餐饮是一个成功的餐饮公司，有没有一些做菜秘方，就像可口可乐的配方那样？他回答说：没有，我们的成功不是靠某道菜做得有多么独特。如果说有，那也是一个组合，即中快餐饮品牌菜加当地特色菜品，满足了不同顾客的需求。

"企业的成功有没有普遍模式？"这是管理学家多年来一直在探讨的重要课题。最具影响的管理学派之一——经验主义学派主张要大量开展案例分析，全面回顾企业，特别是大企业的发展历程，从中总结出一些普遍规律和"模式"，供后来者借鉴。哈佛大学等各大名校的案例库在很大程度上就是基于这一思想而建立起来的。各类畅销著作，从较早的《追求卓越》《基业长青》，到后来的《蓝海战略》，走的基本上都是这个路数。

由中快餐饮的成功经验可以发现，从万寿宫商城送盒饭起步，到拓展高校食堂市场、不断夯实管理、提升愿景、改善公司治理，再到专业化运营，中快餐饮几乎步步为营，走在了市场的前面，与上述作者提出的各项要素相契合。换句话说，中快餐饮满足了一家成功企业的基本元素，它的成功是符合企业经营的基本规律的。

然而，立足于中国团餐行业的现实，我们仍可以发现中快

---

① 李平金，李五星.高校餐饮服务的"中快模式".高校后勤研究，2018.12:16–17.

餐饮的成功有很多不可忽视的独特之处，这体现在以下几个方面。

首先，中国团餐市场从无到有，从计划经济到市场经济，既有体制变革的因素，又有城镇化、工业化带来的市场机遇。这种短期内积聚的时代因素和机遇，却并不是所有企业都能及时抓住的。

其次，中快餐饮并不是单纯在等待市场机会，而是在创造机会，扩大市场容量，重新定义食堂。企业家的重要作用正在于他能够组合各类要素，创造一个全新的市场。团餐市场的做大，同样是企业家创造出来的。正出于这样的创造性，就有了其他企业所无法复制的一面；也正是其创造性，决定了中快餐饮的这项事业并不是零和游戏，而是所有参与方均能受益的。

最后，中快餐饮是一家打着企业家个人及其团队鲜明烙印、富有个性的企业。它由李平金兄弟打造，但又没有变成一个纯粹的、封闭性的家族企业，而是通过现代股份制方案的植入，打造了大量的内部创业平台，使公司规模在扩大到几万人的时候，仍然保持了一股创业的激情，不断拓展事业的边界，这不是所有的大企业都能做到的。

基于此，我们归纳出中快餐饮的成功主要依赖的三大方略：领团餐潮流，创共赢事业，造良性企业。这三个方面相互配合，共同推动了中快餐饮的事业发展。

"领团餐潮流"，体现在中快餐饮专注于团餐行业、不断为顾客提供创新的产品服务。在专注团餐行业的前提下，满足顾客不断变化的需求是中快餐饮存在的基础。同时，中快餐饮并不仅仅是被动满足，而是主动进行创新，其中包括了管理、产品、流程、服务等方面的创新，直至重新定义和再造食堂，从而在行业内引领团餐潮流。几十年来，中快餐饮借助长期深耕所积累的行业经验和专业化水准，提升了整个行业的服务水平，改变了人们对食堂的传统认知。

"创共赢事业"，体现在中快餐饮的商业模式是一个多赢的模式，它让所有参与其中的人员：顾客（包括甲方和消费者）、员工、股东、供应商、合作伙伴，均从中受益。实践一再表明，只有多赢的商业模式才是可持续的。顾客可以获得服务品质的提升；股东可以获得扩张所带来的投资回报；员工可以实现个人事业的进步；供应商可以从中快餐饮的规模化采购中获得持续稳定的回报。

"造良性企业"，体现在自我省察、师徒传承和勇于承担社会责任的企业文化和核心价值观上。自我省察的理念，让企业高层能够听得进各种批评的意见，及时纠偏，去除一些不利于企业成长的因素，这是中快餐饮持续实现良性发展的重要因素。中快餐饮的师徒制不仅具有浓厚的技艺传承色彩，也是内部特定文化的体现。最后，作为一个关涉民生的大型团餐企业，中快餐饮还积极承担社会责任，将社会责任与企业使命相关联，提升了企业的美誉度。

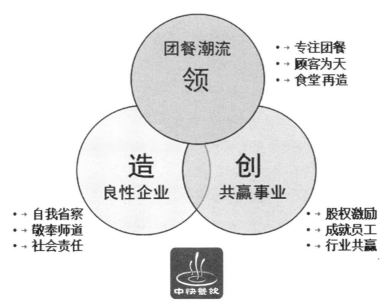

中快餐饮方略示意图

补充阅读

高校餐饮服务的"中快模式"

李平金　李五星

二十多年来，中快餐饮集团遵循高校食堂经营管理规律，不断在管理、服务、营销与合作上进行创新，开创了独具特色的高校餐饮"中快模式"。

一、管理创新：将经验标准化，规范行业发展

第一，实行财、物垂直管理。集团对下属公司的财、物直接掌控。中快控股的公司财务由总部财务部委派主办会计负责，一切按财务制度办事。各省市公司均有采购配送部，主要负责人由集团采购部委派。

第二，构建实施高校食堂标准化管理体系。中快餐饮集团是中国教育后勤协会起草《高等学校学生餐饮社会化管理服务规范》的牵头单位。中快餐饮集团经营的 800 余家食堂从安全防范要求到员工岗位职责，从厨房设计到食品生产加工操作流程，均严格按照规范实行。

第三，充分发挥党员的表率作用。中快餐饮集团党委现有党支部 13 个，党员 120 余名。这些党员大多担任店长、经理等职务。凡要求员工做到的，党员率先垂范。每年开展 1～2 次爱党、爱国教育活动。

此外，中快餐饮集团在经营管理实践中还总结出一套科学高效的管理模式，如股权激励、技术创新、竞争上岗、末位淘汰等等。管理创新，确保了公司的健康发展。

二、合作创新：以双赢为理念，建合作新模式

中快餐饮集团与南昌大学后勤集团合资创办昌健餐饮有限公司，中快餐饮占股份 52%，南昌大学后勤集团占 48%。运行 10 年来，南大的饮食安全事故为零，多次得到省教育厅的表扬。

校企合资合作模式具有以下优势：一是有利于高校餐饮的经营稳定。避免了社会餐饮企业进入与退出时食堂饭菜质量不稳定、饭菜价格波动大的现象。二是有利于节省运营成本。南大后勤只派两名人员到昌健公司上班，一名副经理和一名主办会计，主抓食堂监管和公司财务。中快餐饮负责食堂的生产加工、经营管理等所有环节，食堂工作做到了"专业的人做专业的事"。三是有利于掌握经营情况。南大后勤每天都能看到昌健公司的采购报表，每天都知晓营业额，对运营成本和公司盈亏了如指掌。

三、服务创新：以品牌树形象，用服务赢顾客

第一，用工匠精神铸就中快餐饮品牌。24 年来，中快餐饮集团经营的高校食堂产品，不断推陈出新，经过了师生数亿人次的品尝和检验，已形成了自己的特色。面对来自五湖四海、四面八方的师生，中快餐饮集团继承和发扬当地饮食文化，不断推出适合各高校学生的餐饮产品。

第二，打造"网红"餐厅，引领高校食堂特色发展。中快餐饮集团打造的"网红"餐厅，有华南农业大学的西园三楼、浙江理工大学的玫瑰园餐厅、南昌大学的天健园餐厅、陕西科技大学的米阅餐厅等，完全颠覆了人们对食堂的传统概念。

第三，借助"互联网+"为师生提供多样化服务。针对当前高校学生追求个性以及创意意识较强的特点，中快餐饮集团利

用网络和新媒体，利用微信公众号，不断为就餐师生提供新厨师、新菜品、新活动信息，增强与就餐学生的互动。

四、育人创新：以食堂为基地，建育人新平台

第一，组织食堂体验活动。现阶段的在校大学生多为"95后"，缺少节约观念。针对这些情况，中快餐饮公司积极组织大学生分期分批到食堂参观制作饮食的过程，使他们逐渐养成热爱劳动、勤俭节约的美德。

第二，为学生设置实习岗位。中快餐饮集团的每个食堂都腾出一部分岗位提供给在校学生，尤其是贫困生实习。学生在食堂实习劳动，不仅得到了报酬，而且还培养了热爱劳动、珍惜劳动成果的观念。

——原载《高校后勤研究》2018.12，有删节

第十二章

领团餐潮流

引领团餐潮流，成就十万家人。

——中快餐饮的愿景

专注团餐

目标坚定、保持专注是成功者不变的特质。对这一点，华为老总任正非有一段生动的描述：

大家都知道水和空气是世界上最温柔的东西，因此人们常常赞美水性、轻风。但大家又都知道，同样是温柔的东西，火箭可是空气推动的，火箭燃烧后的高速气体，通过一个叫拉法尔喷管的小孔，扩散出来的气流，产生巨大的推力，可以把人类推向宇宙。像美人一样的水，一旦在高压下从一个小孔中喷出来，就可以用于切割钢板。可见力出一孔，其威力。[1]

道理虽然清楚，但在创业的过程中，很多企业常常会面临多元化的诱惑。一些企业通过试错后回归主业；另一些则在多元化的歧路上越走越远，最终迷失。

中快餐饮为什么能专注做团餐？李平金有自己的理解，他提出了三点理由：

一是社会需求量大。食堂既能满足大量用户的刚性需求，

---

① 任正非.CEO寄语："力出一孔，利出一孔".华为投资控股有限公司2012年报.

又是长期都被需要的一个行业。任何一个行业要想长期赚钱，就要满足需求"量大、刚性、长久"这三个特点。

二是能力许可。我们农民工出来到各个大学，其他的事帮不上忙，但是帮学校做饭做菜，边学边做，能力还是可以的。

第三，竞争对手相对较弱。很多人说在中快餐饮工作很辛苦。我对员工说，如果不辛苦，利润不薄，我们又没有别的社会资源，就做不过别的有更多社会资源的企业。正因为工作辛苦，利润薄，不是很赚钱的行业，很多企业看不上食堂餐饮这块市场，才给我们留下了机会。

无可否认，团餐是一个具有刚性需求的产业。但是在农业人口占主导的传统社会中，大多数人还是习惯在家用餐，餐饮业难以发达。只有经济发展到了较富裕的时期，团餐需求才会迅速增加。

李平金分析，推动餐饮市场发展的主要有四股力量：城市化、国民收入增长、城市移民、生活方式的变化。城市化与工业化相伴而行，既提升了人民的生活水平，也改变了人们的生活方式。数据显示，自 1998 年以来的二十多年中，中国的餐饮业经历了一个井喷式发展，年均增长率达到 14.4%，相当于每 5 年翻一番。这一数据走势显示出餐饮业与中国的城市化率和人均 GDP 高度的相关性。

一直以来，与正餐、快餐、火锅等业态相比，团餐原本仅是快餐业下面的一个小类。统计显示，2011 年，团餐在总餐饮收入中的份额只有 8.8%。其市场集中度和利润率在几大餐饮类别中均列末位，利润率仅有 5%，远低于其他业态将近 20% 的利润率。[1] 从常规的行业分析方法看，它确实是一个最缺乏吸引力的细分市场。

---

[1] 陈俊竹. A 餐饮集团同心多元化战略发展研究. 上海交通大学硕士论文, 2013.

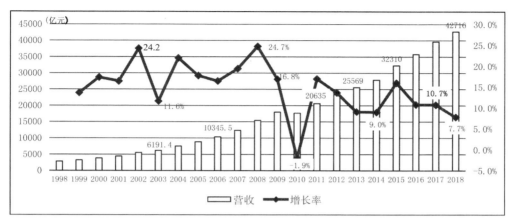

中国餐饮行业收入和增长率（1998—2018）

资料来源：历年统计年鉴

但是近些年来，团餐业却异军突起，发展引人瞩目。其年均复合增长率达到20%，远高于餐饮行业平均值。团餐在全国餐饮总额的占比由21世纪初的不到8%，提升到了2018年的30%。[①]

团餐业能够快速发展，其中既包括各类学校、机关等行政事业单位后勤社会化改革不断深入的因素，又有大量工厂企业、科技园区、写字楼不断发展的助推。相比街面餐饮店面临的房租上升、消费能力变化等不利因素，团餐的优势日益凸显。这体现在以下多个方面：

首先，它是一种轻资产的运营模式，厨房操作间、就餐场所等都是由客户方提供，启动资本并不算高，也不会面临一般社会餐饮企业面临的门店选址、房租上涨等问题；其次，微利经营，但市场稳定。每餐人均消费10～30元，可能利润不高，但与社会餐饮淡旺季差异明显相比，团餐每天的就餐人数、需求量都是可控的，因此能够通过精准的采购、备货、避免浪费等来提高利润率。第三，团餐后厨加工，前厅售卖，当餐加工，当餐售卖，减少了广告推销费用。团餐企业只要签下一单，一个食堂一年甚至几年的收入就有

---

① 2018年中国团餐行业市场现状及发展展望分析，中国产业信息网，2020年01月14日 http://www.chyxx.com/industry/202001/829078.html.

了保障，不需要像社会餐饮那样面向大众媒体投入大量广告营销费用。

最后，在李平金看来，虽然团餐行业看上去利润率不高，但只要提高资金周转率，形成连锁化规模经营，仍然可以成为一个利润稳定的产业。

正因如此，一些知名企业，如湘鄂情、俏江南等在进军团餐市场时发现，在这一市场中早已盘踞着像中快餐饮这样的大型连锁经营企业，他们所建构出来的规模、网络、技术和管理经验，已经在团餐市场中树立起了一道无形的竞争壁垒。

虽然在团餐市场实现了快速扩张，分店数量和顾客人数在全国排在前列，但与社会餐饮企业较高的品牌知名度相比，中快餐饮确实显得过于低调了。在中国烹饪协会 2018 年公布的"中国餐饮企业百强"中，甚至还没有出现它的身影。直到 2019 年，它才以黑马的姿态直接挺进前十名。

顾客为天

对于团餐企业来说，甲方单位是名义客户，负责提供食堂等经营场所，实际客户是就餐的消费者。甲方是食堂经营的直接决定者，而消费者最终决定了企业的生存。

中快餐饮内部弘扬"三道"文化：天道、师道、孝道。头一条为"天道"，即"以顾客为天"。因为没有客户，公司就不复存在，员工也无生存之地，满足顾客需要是中快餐饮人的使命。

抽象的理念需要实践来支撑。公司与顾客的主要接触点在各个食堂门店，现场服务工作关系到企业口碑和形象，至关重要。为此，中快餐饮要求各级管理人员，以客户需要为工作目标，时刻关注、支持和督促各分店工作。

守住安全底线是最基本的一条。中快餐饮提出"真材料，放心吃"这一服务理念，在业内早早地推行"五常"管理，并通过 ISO9001:2000 质量管理体系认证、HACCP 食品安全管理体系认证等，从源头的原材料采购开始，到材料存储保鲜、加工、服务过程，不断完善规范，确保了公司在食品安全方面从未出现过事故。

丰富和创新菜品，用同样甚至更低的价格提供更好的菜品，是中快餐饮吸引客户的不二法门。中快餐饮内部提出的品类标准要求是：早餐品种 20 个左右，中餐和晚餐 40 个左右，再加上一些各地风味小吃，整个食堂的菜品非常丰富，满足不同消费者的需求。集团要求每个分店必须要有菜品计划，并及时公布，定价要合理，店长要学会设计菜谱，厨师要按菜谱做菜。

在服务过程管理方面，中快餐饮站在顾客的立场上，设计了完善的工作流程。他们将整个用餐时段分为前段、高峰、收尾三个阶段。不同时段用餐的顾客，其心理诉求有很大区别：在前段来的顾客具有针对性，针对某一个菜品而来，甚至愿意等自己喜爱的菜品出锅；高峰时来的顾客只要能买到菜品就行，对供应速度有要求，速度决定了营业额高低；收尾阶段则呈现选择性，顾客在剩余菜品不多的情况下，挑合适价位、合适口味的菜品。为了做好收尾工作，中快餐饮要求确保收尾时有 2 个大荤菜、2 个小荤菜、2 个绿叶菜。天气寒冷时，还要提供 2 个能保温的炖菜。

为了满足不断增加的客户服务需求，提升客户满意度，中快餐饮积累了大量数据，对不同地域的客户进行持续跟踪，注重形成差异化的服务。面对来自五湖四海的师生，中快餐饮筛选出了适合大江南北高校食堂的"中快餐饮品牌菜"（30 个）、"中快餐饮早点"（20 个），同时又推出本地特色菜品。食堂产品售卖方式也发生了很大变化，从单一的窗口点菜模式，发展到自助模式、自选模式、美食城模式、外卖模式等等。

团餐在一日三餐上要使顾客满意，关键在于抓好细节。中快餐饮集团高管刘成梅曾经说过一句颇耐人寻味的话：只想"做大事"的人做不好食堂，因为食堂没有"大事"可做，只有做好身边的每件小事才能做好食堂，认真干好每件小事才能干好"大事"。食堂工作的小事可以列出很多，经过多年的积累，已经在中快餐饮内部形成了一套相当细致的作业标准。例如：

·菜品搭配有技巧，超过3种颜色搭配在一起就不合适；要考虑色泽、荤素、口味搭配；素菜要单一色；点缀不能盖过主料。

·刀功要精细，这样不仅炒菜容易入味，打菜分量也好控制，菜品看上去会更加精致。

·餐具消毒后要让餐具温度在开饭时保持略高于人的体温，筷子要粗头向外摆放，勺子不要堆叠摆放，要方便拿取。

·做好饭菜的保温，保证有炖菜，在食堂设置微波炉提供自助加热服务。

·众口难调，可以让顾客自调。因此食堂大厅要设置调味台，调味品种5～8种。

随着"千禧一代"学生陆续进入大学，很多是家庭生活条件达到小康以上的互联网"原住民"，他们的思维和消费习惯明显不同于"80后"，乃至"90后"，而更加追求个性化，对消费体验要求更高。近年来由于外卖的盛行，高校的"围墙"变得越来越矮，中快餐饮等高校食堂也开始感受到外卖的冲击。为此，中快餐饮内部也正在酝酿新的变革，以适应新用户群体的要求，比如说打造"网红"餐厅，用移动支付收款等。

中快餐饮在华南农业大学的西园三楼，打造了一家"网红"餐厅。宽敞明亮的用餐环境，S型造型的吧台，淡黄色的木制餐椅，室内免费使用的台球桌，露天的 LED 显示屏……成为广州高校的一个标杆性食堂，很多外校学生都跑来这里"打卡"。

餐饮服务是一个细致活，也是一项良心活，是公司对外的一种庄重承诺。而承诺一旦做出，不能仅靠自觉来实现，还需要有督查和奖惩。为此，中快餐饮建立了一套完善的服务督查体系，法务部、技术部、督查部、安全部等各负其责，又相互配合，在检查和执行纪律方面相当严格。对违反规定的亮黄牌。得了黄牌不仅要接受罚款，干部还将面临降级和淘汰。

食堂再造

今天所说的"手机"，是指支持 3G 以上网络的智能手机。如果放在 20 世纪 90 年代，它至少是四样物品的组合：手机、照相机、MP3 播放机和笔记本电脑。当然，还可以把录音机和收音机算进去。

乔布斯有一句名言："用户并不知道自己想要什么，直到你把产品呈现在他们面前。"他所定义的"手机"一经推向市场，受到了全球用户的热情追捧，从而使苹果公司能连续多年保持世界"市值最高公司"的桂冠。

在战略管理中，定位学派也有一个说法，叫"产品要占领人的心智"。其意思是要让人们很自然地将企业品牌与某个品类相关联，这样企业就会获得成功，如曾经的施乐与复印机、IBM 与计算机、谷歌与网络搜索等。

中快餐饮作为中国高校食堂的第一品牌，很大程度上也在努力重新定义食堂，再造食堂，让中快餐饮与食堂产生更紧密的关联。用李平金的说法，叫建设"现代食堂"。

那么，中快餐饮所说的"现代食堂"与"传统食堂"究竟有哪些不同呢？李平金在其《现代食堂管理》一书中作了如下论述：

传统食堂从来都是作为一个后勤保障部门存在于某一单位之中的，它提供的服务主要针对单位内部人员，既不对外提供有偿服务，也拒绝本单位之外的专业餐饮公司来经营食堂。所以，可以这么认为：直到后勤社会化改革之前，食堂虽然与千千万万人的生活密切相关，但并不是一个独立的产业。

长期以来，我国国有单位食堂一直采用自我管理、封闭经营的方式，由于缺乏竞争、规模小、专业化程度低，而且管理体制僵硬，自营食堂的运营效率极其低下，成为各单位的一个沉重包袱。

现代食堂企业是指在市场经济条件下，为单位成员提供日常用餐服务的，产权清晰、参与竞争、自主经营、自负盈亏的专业餐饮企业。

现代食堂企业的定义包含以下三个要素：

1. 现代食堂是企业，而非某单位的后勤部门，也不是几个厨师合办的伙房。现代食堂企业具有独立的法人地位，可以独立经营并承担经济、法律责任。个体经营户做的食堂规模小，无法适应规模化和专业化生产需求，不列入现代食堂的范畴。

2. 现代食堂与发包单位之间是契约关系，而非隶属关系。发包方通过契约向现代食堂企业让渡经营权、收益权，保留食堂的所有权和监督权，以及部分收益权（租金、监管费）。现代食堂企业可同时与多个发包方签订食堂经营合同，这也是现代食堂产业向规模化、集中化方向发展的基础。

3. 现代食堂企业应当具有完善的公司治理结构，实现了公司所有权与经营权的逐步分离，这既是食堂经营走向专业化的必由之路，也是现代食堂产业走向专业化的必由之路。

传统食堂：大锅炒，热度不够；品种少，用餐时间固定且短暂；单一色调的消费环境，功能单一。

现代食堂：小锅炒，有热度；品种丰富，全天候营业；注入时尚元素主题，环境温馨舒适；口味多元，呈现多元的安全营养搭配；追求就餐体验感。

在李平金看来，以上形态的差异仅是表面的，现代食堂与传统食堂还存在更深刻的区别，其中最为突出的是服务理念的差异。传统食堂并没有，也不可能真正做到以客户为中心，服务意识相对薄弱。其次，是由服务理念所带来的专业性差异。传统食堂管理粗放，凭借经验管理，缺乏战略、营销、财务等专业化运作的思考和能力，难以切实保障产品和服务质量。此外，二者还存在规模化差异。传统食堂是各单位的一部分，受到单位规模的限制，服务对象仅限于本单位人员，也没有权限和动力去扩充体量。而现代食堂则在规模上实现了突破，不限单位、不限地域，通过规模优势，实现共赢互利。最后，现代食堂是一个与时俱进的概念，它会将健康、营养、智能化、个性化的理念引入食堂经营之中，这在传统食堂中是很难想象的。

不仅如此，中快餐饮内部还对未来食堂进行了规划和设计，即在全球化背景下，通过品牌加盟的升级，引入全国乃至全世界的餐点小吃；借助于信息化水平的提升，实现更大程度的标准化、自动化和智能化；产品实现更加精准的定制，使得客户体验感更好，从而让食堂成为符合个性化需求的美食广场。

第十三章

创共赢事业

把小公司做成大公司，把大公司做成大家的公司。

——《中快餐饮集团章程》

股权激励

一家企业不断成长和规模壮大的过程，实际上是团结和组织更多的力量、建立更广泛协作的过程。很多企业之所以发展到一定阶段就不能再继续壮大，甚至陷入衰退，重要原因之一是原有的公司治理方式和激励机制无法适应新的变化，不能接纳更多的合伙人加入，无法形成更大规模的协作。

现代公司治理体系的提出，在很大程度上就是为了解决大规模协作的问题。股份制公司治理通过明确所有权、经营权、监督权，让关键岗位的员工持有公司的股份，将公司与个人的利益进行捆绑，使之联结为一个命运共同体；把掌握经营权、监督权的干部变成公司股东，并组成集体班子，以防止掌控经营权的职业经理不按照股东的战略意图经营、牟取个人私利的现象。2004 年，中快餐饮往外省拓展之初，就开始思考公司治理结构问题。中快餐饮要进一步做大，除了要有科学的管理和市场化运作，从公司治理层面看，还亟须解决几大问题：一是管理人才的吸引和激励，二是融资，三是集团对下属公司的管控。要实现公司做大的目标，还需要有"共治、共享、共赢"的

第一届股东大会合影
第一排从左至右：李平堂 李平金 李四星
第二排从左至右：魏青山 邹金生 黄伟林 刘成柏 李成林

思维，以事业吸引、激励和成就人才，形成广泛协作，促进良性循环。

2006年，公司股东大会通过了一套关于公司治理结构的较为完整的方案，包括不同机构的职责权限、运作流程、议事决策规则等。后来的实践证明，中快餐饮股份制方案的设计对解决这几大关键问题行之有效。也可以说，正是因为有了这一股份制度，中快餐饮才真正成为一个现代企业，从而为进一步的全国性扩张提供了可能。

中快餐饮设计的股份制方案并不复杂，而是与其组织架构相匹配，实施集团公司、省公司、区域公司层层控股的方式。最初的方案是集团公司占省级公司60%的股份，省级公司占区域公司60%的股份。可见，中快餐饮的员工持股计划的面是非常广的，符合建"大家的公司"这一理念。后来，经李四星的提议，进一步下放了更多股份给省级公司，集团公司只占省级公司股份的51%。

这样一种层层控股的方式保证了集团公司的决策权、指挥权，能够确保政令畅通。同时又发挥了省级公司、区域公司经营班子及监事会的积极性，实现了利益的绑定，又形成了内部相互监督制约的机制。有些人甚至是借钱入股的，到了属地后必须放手一搏，将自己的潜能发挥到极致。正基于此，中快餐饮实现了个人事业与企业经营目标的完美统一，很好地解决了管理人才的吸引与激励这第一大难题。

第二大难题是资金问题。开拓市场需要投入大量的资金，食堂虽然不需要自己来建，但是很多业主单位都需要交纳合同保证金，加上购置设备和必要的装修改造，进行一定的前期投入是少不了的。中快餐饮通过吸收股东的资金，实现滚动式经营，解决了扩张过程中的资金短缺问题。在市场的拓展上，中快餐饮实行直营连锁和特许加盟两种方式，前者是自营店，可以树立质量标准；后者可以吸收专业人才和资金，通过品牌输出，实现品牌价值最大化。

第三大问题是集团对省公司的管控问题。《孙子兵法》说，"将在外，君命有所不受"，这是有道理的。因为前方市场的情况，只有现场指挥者才了解得更加清楚，从而快速地做出反应。因此，必须要赋予省公司和区域公司经营班子一定的指挥权。但与此同时，对集团公司来说，又需要有一定的管控，以确保资产的保值增值，避免出现较大的、无法挽回的风险。

从中快餐饮的股权架构看，集团公司以控股的方式介入省级公司的工作目标规划制定。省级公司一般为 9 ～ 15 个股东，集团会派出代表进入省级公司的董事会、监事会、股东大会，但是并不直接参与公司的日常经营决策。通过一套明确的决策程序，省级公司和区域公司经营班子在重大问题上实行民主化的集体决策，从而减少了决策失误。同时，董事与监事之间还能够起到相互监督的作用，避免出现经营班子的贪污腐败问题。很显然，相比集团公司的遥控式监督，班子内部的自我监督成本是最低的。

成就员工

一家大企业的发展绝不仅仅取决于经济上的成就，还取决于社会意义上的贡献担当。对于中国这个人口大国而言，像中快餐饮这样的劳动密集型企业的存在有着重大的社会意义。它并不是简单地促进了劳动力就业，同时更为所有员工提供了集体学习、成长为专业人才的机会。

成功的企业，首先应该是一个学习型组织。

20 世纪 90 年代，管理学家彼得·圣吉提出"学习型组织""第五项修炼"等概念，在笔者看来，尽管圣吉的"五项修炼"有很多可取之处，但在结合中国企业的实际方面，仍然存在着一种文化上的隔阂。在中国，其实有更好的导师和教材，比如《论语》和毛泽东思想。

孔子自称"少也贱，故多能鄙事"，十五岁有志于学，"发愤忘食，乐以忘忧，不知老之将至"。他设立杏坛，"有教无类"，不仅带出七十二贤人，三千学生，更影响了后世两千多年。孔子所阐述的很多做人和为学之道，已经深入人心。

毛泽东结合中国现实，找到了一条适合中国革命的路线，从而走向胜利。在军事、思想政治、掌控全局方面，毛泽东的思想有很多可供现代创业企业借鉴之处。李平金对毛泽东的领导和管理思想颇有心得，在内部讲话中常常信手拈来，引用几句毛主席语录。他曾经在内部刊物上写过一篇《向毛主席学管理》的文章，就是一个活学活用的例子。这篇文章谈到中快餐饮的管理干部在学习和执行公司政策方面应该注意的四个问题，包括政策界限不明确、缺乏系统的说明、上下联系不够紧密和政策本身不完善，都是通过引用毛泽东著作，结合中快餐饮的实际来谈的，非常具有说服力。

中快餐饮的发展和李平金的个人经历，都有受儒家思想深刻影响的烙印。李平金抱定"三人行，必有我师"的指导思想，坚持向他人学习。他以身作则，鼓励员工学习，特别青睐那些爱学习的员工。在他的带领下，中快餐饮很多只有初中文化底子的员工，一个个都成长起来了。

中快餐饮的学习方式多样，但归根到底就一条：干中学。如前所述，李平金就以内部刊物为平台，鼓励经理店长们将个人实际工作中的心得体会用文字总结提炼出来，汇编成一本实用的学习教材。他们相互交流学习，共同成长提高，很多人借此得以快速成长。

"干中学"也涵盖了"教中学"，通过教授别人，进一步提升自己，这是一种"教学相长"式的学习。2006年，中快餐饮创设了一个规范化的学习场所——天厨商学院，相当于中快餐饮内部的"黄埔军校"。经过多年的摸索和总结，根

中快餐饮集团天厨商学院实践操作教学场景

李平金录制的培训课程《如何当主管》

据学员层级、部门和岗位分类设班，天厨商学院逐渐形成了一支较为专业化的教师队伍，累计培训餐饮管理和烹饪技术人才几万名，成就了千名企业管理干部和万名厨师。

中快餐饮天厨商学院为企业育人的功能十分明显。企业办学必须有别于一般大学的课程设置，企业办学更加注重提高学员解决实际问题的能力，更要有针对性和实操性。

中快餐饮天厨商学院的成立，首先要解决师资队伍的问题。中快餐饮所有的高管都有为学员上课的职责，每年有培训课数的具体任务，同时还聘请职业培训师、专家或者退休老干部为学员进行授课。2008 年 6 月，除了设立专职教师外，中快餐饮还建立了一个内部讲师团队，成员全部为中快餐饮内部经理，每个月要有至少 4 小时的培训讲课，以此来鼓励他们通过教学实践边教边学，共同提高。

为了解商学院的授课质量，李平金经常去学院听课，充当学员。通过现场听课，观察周围学员的状态，在课堂间歇时间与学员们聊天，了解授课效果，他再把意见反馈给授课教师，帮助他们改进教学方式，提高授课水平。

李平金也经常到商学院讲课，传授自己的经验和教训。他的课通俗易懂，深入浅出，主要围绕餐饮事业的发展前景、团餐的发展趋势、中快餐饮的前世今生，来分析中快餐饮事业的发展方向，鼓励学员为中快餐饮找问题、提方案，启发学员对中快餐饮进行多方面的思考。

2008年12月，李平金在集团业务员的一次培训课中，预测了餐饮行业发展的方向与趋势，以及中快餐饮的发展战略。学员张智平回忆说："当时董事长是授课老师，他与传说中严肃的形象完全不同，脸上始终洋溢着微笑，与熟悉的业务员互动对话，询问市场业务拓展情况，如同与久未谋面的老朋友们相聚。他寓教于乐的教学方式、妙语连珠的形象比喻、过目不忘的记忆力都令人钦佩。如果说之前我们对他所预测的中快餐饮发展势头还将信将疑的话，现在回过头一看，目标均已一一实现。我想那是他站得高、看得远的缘故，也是他对餐饮业潜心研究的结果。"

李平金把"团餐是我们的终身事业"这一观念，通过授课的方式，影响了像张智平这样的员工，帮助他们树立了对行业和中快餐饮的信心。有许多人正是被李平金的讲课事例和数据所打动，被他的规划和远大目标所感召，从而愿意扎根中快餐饮，为中快餐饮的发展而拼搏。

为了增强公司上下对天厨商学院的重视，李平金将培训结果与个人的晋升直接挂钩。中快餐饮内部规定，每个干部必须在天厨商学院经过系统的学习，取得毕业证书后才能获得晋升的机会。不仅在同行业，而且在多数国内企业中，这都算得上是一种独具一格的员工教育和晋升模式。

不仅如此，中快餐饮大力提倡经理和店长就是"教导员"的理念，每位经理和店长每年都要像师傅带徒弟那样传、帮、带2人，并与个人的晋升挂钩。

2007年中快餐饮集团经理选拔合影留念

这方面，李平金本人更是身体力行培育下属，抓下属的日常学习，让很多人印象深刻。早在 2005 年中快餐饮进驻宁波万里学院时，徐德海等早期员工就有幸亲自见识了李平金的"厉害"。

那是在学校开学前的暑假，徐德海等人刚从农村出来，闲暇时无事可做，就凑在一起玩牌。李平金见状，问他们："小伙子，你们哪有时间打牌啊？年轻人要多学习，提高自己，将来才能当好店长啊！"第二天，就在中餐之后，李平金便召集他们到自己房间，让他们每人读一篇文章，读完之后分享心得体会。徐德海等人之前从来不看什么书报，但由于李平金逼迫，他们每天坚持读报，很多人不知不觉地提高了文化水平。现在徐德海他们还能写出比较通畅的文章，将自己的工作经验加以总结，口才也得到了提高。

在宁波，李平金让厨师们做 3 个宁波本土菜。江西来的厨师从来没有做过宁波本土菜，对本地的饮食口味全无概念。于是李平金让他们去书店买一些宁波本地菜的书，按其中菜谱，先学做了几道，但感觉味道显然不够地道。

于是他们再去附近的菜馆尝菜、看菜谱，再回来改进。如此从理论到实践，从感性认识到理性认识，三番五次，他们居然能做出像模像样的本土菜了。到食堂开业时，这些技能都派上了用场。

徐德海感慨地说："在与董事长相处的一段时间里，他用特殊方法，让我们学到了写作能力、表达能力、思考能力、成本核算能力、烹调技术，并对市场行情有所了解。这些知识的获得，是多少钱都买不到的！"

"内部市场化"是中快餐饮以市场化方式成就员工个人事业的另一个重要举措。内部市场化，就是把食堂按产品分类，划分为多个小组进行独立核算。最少的1个人，一般是以2至4人为核算单位。划小核算单位，就能避免"吃大锅饭"，实现多劳多得，把劳动成果与劳动报酬相统一，充分调动员工的积极性和创造性。让更多的员工学会成本核算，学会管理，这是"阿米巴经营"在中快餐饮所有门店的应用实践。

有了内部大量的正式培训，又有市场经营的历练，中快餐饮的干部员工身价日益提升，成为其他餐饮企业争相挖角的对象。有同行在招聘时常常打出"有中快餐饮工作经验者优先"的字样，有些中快餐饮的普通主管到其他餐饮公司就直接担任了店长以上职位。

行业共赢

"生态圈"一词源于生物学界。在一个商业生态圈中，企业之间，哪怕是竞争对手之间，都具有一种共生共荣的关系。由于法律制度相对不完善，在中国民营企业中，企业之间的契约关系很难完全依靠法规来监督和维持。这时候，中国传统的关系网络就起到了主导性的作用，通过建立长期的合作关系来弥补制度的不足，这也是"商业生态圈"一词在中国大受欢迎的主要原因之一。

随着规模的扩大，内部集中采购商品的种类和数量日益增多，中快餐饮慢慢就拥有了自己的话语权，在产业链中的位置变得越来越重要。中快餐饮慢慢尝到了规模化经营的甜头，同时也认识到，公司要确保食品安全和优良品质，要进一步培育和提升竞争力，都离不开一个良好的生态圈。过分运用大企业的优势压价，只会导致生态环境的恶化，不是最佳策略。

在中快餐饮的生态圈模式中，存在产业和用户两个重要维度。中快餐饮坚持价值共创、共建、共学和共赢，从建立长久信任关系的角度，致力于共同提升产业链管理水平，通过"短期共享利润、中期共享事业、长期形成标杆"的思路，加强合作的广度和深度，共同把蛋糕做大。

为了适应健康、营养的要求，中快餐饮不断向上游拓展，一方面直接与工厂和农副产品生产基地对接，使用有品牌的原料，与优质的企业形成合作，如金龙鱼、中粮、联合利华、李锦记、双汇、海天和太太乐等，确保生态圈源头的健康和稳固。另一方面，中快餐饮全面开放专业化公司的服务平台，为规模较小的食堂餐饮同行，提供质优价廉的服务，共享资源，共享规模优势：如联合采购、合建中央厨房、提供调味品、共享天厨商学院培训资源等。各专业子公司还为外部企业提供原材料和半成品，比如面夫子、面行人、小米姑娘等，都面向业内同行开放。

在供应端，中快餐饮鼓励长期合作的原材料供应商跟上自己的发展步伐，在产品质量和管理上实现同步升级，例如预防蔬菜农药残留、大米重金属超标、食品添加剂的不当使用等问题。让供应商们提供优质材料的各项证明，帮助中快餐饮竞标获得更多的食堂门店，共同把市场做大。

在终端方面，中快餐饮除了自营，通常还会提供合作平台，引入各类风味小吃，如引进相对成熟的"沙县小吃"等品牌入驻。这些品牌机构重视管理的规范性，与之形成合作相对容易，也愿意配合监管。在原材料选择方面，还要求引进的风味小吃店必须遵守中快餐饮的制度，接受公司监督和严格管理，防止因其工作失误损害公司声誉。更为重要的，还要给他们提供管理上的支持和服务，包括：帮助解决员工住宿问题；解决设备故障问题；分析了解消费群体，帮助他们找到适合的营销模式等，实现业务增长，共同把食堂做成美食城模式，实现共赢。

第十四章

造良性企业

世界上没有十全十美的企业，也没有十全十美的个人。企业和个人与时俱进，不断革旧创新，还要有相互激励和监督的机制，才能形成良性发展的企业。

——李平金

自我省察

企业发展的过程，与有机体的成长过程有很多相似性。一些学者提出企业成长的生命周期理论，分为创立、成长、成熟到衰老的不同阶段。所谓"基业常青"，就是指企业具有能跟随时代的变化，不断自我更新的新陈代谢能力。而要实现自我更新，就必须具备自我省察和批判的能力。通俗一点说，就是要有一种自我纠错能力。

大多数人一般不太喜欢听取别人的批评意见，哪怕是内部善意的提醒与批评。其背后的原因既有缺乏批评和自我批评意识，也有"面子"问题。最糟糕的情况是，一些组织或个人不是去努力改正错误，而是用一个更大的错误或谎言去掩盖它。如此恶性循环，最终导致不可挽回的后果。这就是很多企业或个人最终失败的重要原因之一。

由于长期坚持精读毛泽东著作，李平金深刻认识到"批评与自我批评"这一共产党的优良作风对于企业组织健康成长的重要性。为此，他力主中快餐饮内部对工作上的问题，要敢于面对现实，直言不讳地指出来。中快餐饮各级监事会要进行工作报告，干部要定期接受质询，在做出重大政策决定前进行正方、反方辩论，并分组进行研讨。持续的内部自我省察，能让各级管理干部不敢掉以轻心，同时又能及时纠偏，从而使其在工作上更加兢兢业业。中快餐饮开展自我批评的方式有很多种，其中有一种是各级干部每半年要写工作总结。李平金要求：总结工作不能只谈成绩，同时要谈缺点和失误。有几点成绩，就要谈几点不足。谈不足要实，不能敷衍。

略举几例：集团公司 2009 年工作总结，谈了 8 条成绩，但谈了八条存在的差距，虽然篇幅不长，但每一条都很具体，可谓针针见血。在集团公司 2019 年的工作总结中，对过去一年的工作，各子公司都列出了 3 件正确的事和 3 件过失的事，并在集团高层管理干部年度大会上公开宣读。

鼓励干部员工撰写提案和合理化建议是另一种有效的方法。提案提出的问题都是非常突出且矛盾尖锐、需要引起高度重视并立即采取措施加以解决的，同时要附有相应的解决对策。例如 2013 年，华军涛提到，中快餐饮原来的价值观过于强调"房、车、钱"等物质追求，随着这些目标的逐步实现，中快餐饮需要有新的、更高的价值追求来引领员工。提案中特别提到个别中快餐饮干部在富起来之后，由于缺乏勤俭节约观念而出现花钱大手大脚、工作懈怠、享乐主义等不良现象，因此公司需要有一个良好的价值观来引领。

自我批评最重要的一个阵地，当然是《当家人》和《中快餐饮报》这两份内部报刊。2014 年以后，李平金在内刊上开设了一个"提醒与劝告"专栏，将近期公司内部员工提供的，以及自己在工作检查中发现的不良倾向定期予以汇总公布，对违法违规员工和事件及时处分并公开通报，给予各级干部警示教育。

更为普遍的是，内刊经常发表对公司内部存在的各类问题的批评性文章，例如人才流失、不关心员工生活、干部长官意志和官僚作风等等，从不避讳中快餐饮内部工作上的不足和失误，同时也不吝称赞竞争对手做得比中快餐饮好的方面。

内部纪律检查是自我省察制度化的表现。集团监事长由华军涛负责这方面的工作。华军涛是李平金在江西有色地质勘查局工作时的老同事，原则性强，做事认真。在集团股东的支持下，华军涛在中快餐饮建立起了一个秉公执法、敢说真话的内部督查工作组，不仅抓服务，还抓制度执行和纪律督查，也抓法规教育，直属于集团监事会。

中快餐饮法务部检查违纪的特点是一查到底。下面出现的问题，管理人员要承担连带的责任。甚至李平金、华军涛也因管理上的失察而接受罚款，并在会上作检查反省。

在中快餐饮，正是因为集团高层管理人员始终把自我省察作为企业内部的一股强大的纠偏力量，才避免了出现大的决策和工作失误。

敬奉师道

中快餐饮一直以来都有拜师文化，"师道"是其重要的文化因子之一。自古以来，教师承担"传道、授业、解惑"的职能。按"天、地、君、亲、师"的顺序，其地位与父母相近。因此，师徒制既蕴含了倡导技艺学习传承的风气，又有类似家庭的孝道在其中。

中快餐饮在内部提倡称"师傅"，比起称职务，这显得更为

中快餐饮集团各子公司每年举行隆重的拜师仪式

亲切。李四星是集团公司的董事长，但是大家并不称他为"董事长"，而尊称他为"师傅"。

每年中快餐饮都会举办非常隆重的正式拜师仪式，这既是培养后备技术人才的需要，也是企业文化建设的一部分。经过多年的积累，已经有了一套成熟的流程，成为中快餐饮的一项特色文化传承活动。

拜师仪式的流程有前期准备，包括司仪、师爷、师傅、徒弟的确定和现场布置。现场拜师礼节非常庄重，包括拜不同辈分的师爷、师傅训话、敬茶、签订师徒认证书、上香、吃斋面等各道程序，颇具古礼风范。每个新进中快餐饮的员工都可以在公司组织的拜师仪式中签订师徒协议，也可以在日常的工作中自己寻找师傅。

拜师之后，在两年学徒期内，师徒之间有一种更亲近的、相对正式的权利义务关系。师傅在这个过程中承担着长辈的角色，有义务传授徒弟相关技艺，同时对徒弟的思想品德和修养也担负相应的责任。徒弟在工作中需要听从师傅的教导，在认真学习技艺的同时，更要注意自己的行为举止，不能给师傅丢脸。

可以发现，这里的约束是相互的。师傅要想获得"师道尊严"，就必须要严格约束自己的行为，始终注重自己在道德风范上的表现，以身作则。强调"以德服人"，是这一师徒关系的要旨。

李平金极力支持拜师文化的传承和发展，他说："师徒制在我国由来已久，实则为一种'父子相传，师徒相授'的传统传授方式，有利于提升人才培养质量。现代'师徒制'是新形势下工匠精神的传承和创新，强调对技术的精益求精、尽善尽美。在中快餐饮，有一大批优秀的师傅，也有大量渴望得到师傅指导和教诲的徒弟们。师傅们精湛的技艺若不能得到很好地传承，甚至逐渐失传，那是一件令人惋惜的事情！而师徒制下的'传、帮、带'可以很好地让两者对接，使技艺不会失传。中快餐饮有更多人掌握专业技术，对自己和社会都是有益的。"

不仅如此，中快餐饮集团对师徒制还有所创新，抛弃了师徒制中某些刻板的封建模式。传授技术，更多是师傅带头学习技术，带头遵守公司制度，带头团结同事完成工作任务，既教做事，又教做人。

社会责任

到今天，对于企业是否应当承担社会责任的问题，已经很少有质疑了。差异在于，不同的企业在承担社会责任问题上，认识不同，能力有高下。

对社会责任最狭义的认识就是，企业承担了经济责任，合法经营，缴纳税收，促进了就业，让投入的资源获得最大的回报，即利润最大化，这就是承担了社会责任。

德鲁克对此持不同看法。他认为，企业有其存在的使命，首先当然是为了达成这一使命而保持必要的利润。但除此之外，利润不应成为企业最主要的追求。企业在社会中生存，其经营会对社会产生影响，所以应该量力而为，承担起必要的社会责任。特别是大企业，其影响巨大，具有示范意义，所以需要承担起更多的社会责任。他所提出的解决方案是"把社会问题看成是企业的机会"①。

2019 年 8 月，包括亚马逊、苹果、波音、通用汽车等大企业在内的 181 家美国公司的 CEO（首席执行官）联合发布了一份《企业的宗旨宣言》（*Statement on the Purpose of a Corporation*）。他们一致认为，在未来，股东利润不应该再是企业最重要的目标，企业的首要任务是共同创造一个更美好的社会。② 这应该算是对德鲁克观点的一个呼应。

在社会责任问题上，儒家文明圈其实有很多可供借鉴的思想源泉。中国人从来不会把经济和社会的边界划分得那么清楚，而且素有家国情怀。孟子的"穷则独善其身，达则兼济天下"，很能代表中国企业家的心态。事实上，在"穷"与"达"之间，存在着很长的中间地带。企业力量有限，并不能兼济天下，但仍然可以为社会尽一些责任。

必须承认，绝大多数企业家在创办一家企业的时候，最初仅仅是为了实现个人事业的成功、赚取利润，是为了一个相对自利的目标。但是由于市场这只无形的手的作用，当他们在成功实现目标之时，他们同时还造福了很多人，为社会做出了贡献。

中快餐饮通过开拓食堂这一市场，把企业做成今天的规模，

① 彼得·德鲁克 . 管理——任务、责任、实践（上）. 孙耀君等译 . 中国社会科学出版社，1987.6.
② 181 位美国顶级公司 CEO 联合发声：不再把 " 股东至上 " 奉为目标 . 2019–10–23. https://www.sohu.com/a/335471601_370262 [2020–3–28 访问].

解决了几万名知识层次不高的农村青年的就业和成才问题，这件事本身，就是对社会的贡献。特别是中快餐饮安排了很多农村贫困农民就业，这点更是难能可贵。不无巧合的是，德鲁克曾经盛赞西尔斯百货公司解决了美国农村地区贫困、无知和信息不畅的问题，就是尽了很大的社会责任。这家公司在自身事业成功的同时，帮助农民致富，成了"农民的朋友"。

中快餐饮所承担的另一项重要社会责任，在于为解决中国所面临的食品安全问题做出自身的贡献。对于中国而言，食品安全无疑是一个重大的社会和民生问题。中快餐饮打造的"良知食堂"遵循"真材料，放心吃"，只用有品牌的原材料等原则，并通过参与行业标准的制订，提升行业的准入门槛，都客观地促进了行业的健康发展，解决了千百万人的安全用餐问题。这种作用在相对落后的或安全意识薄弱的地区，显得尤为突出，例如中快餐饮云南公司总经理朱英鹏曾经受当地教育行政部门邀请，专门进行了经验介绍，这实际上就是把上海餐饮企业领先的 6T 管理经验输入后进地区。四川一些高校领导在参观了中快餐饮在上海、深圳的样板食堂之后，提出要"尽快引入中快餐饮的模式"。

中快餐饮的主要服务对象是学生，在社会慈善事业上，也很自然地做了一些助学的工作。最初是为学生设置实习岗位。中快餐饮的每个食堂除厨师和管理岗位外，其他岗位均腾出一部分提供给在校学生尤其是贫困生实习。凡是到食堂实习的大学生均免费就餐，每月还有数百元至上千元的薪酬。学生在食堂实习劳动，不仅得到了报酬，而且还培养了热爱劳动、珍惜劳动成果的观念。到后来，中快餐饮内部还设立了专门的"爱心基金"，既帮助员工解决突发性的经济困难，也为贫困学生提供助学金，帮助他们完成学业。

在国家提出精准扶贫计划时，中快餐饮积极地参与行动，为贫困地区捐资赠物，精准对接贫困地区、贫困户，成立预备服役部队后勤保障分队，先后为此投入资金数百多万元。

2020 年初武汉发生的疫情，让中快餐饮为"良知食堂"做出了最精彩的诠释。在疫情最为猖獗的时候，中快餐饮迅速行动起来，加入了当地政府应急供餐保障分队，用实际行动支援武汉。集团刘成柏、欧阳铭、李缘、罗萃晗、邹金生、魏青山、李平波、祝一杰等人不顾个人安危，迎着困难上，支援医院，每天三餐为医护人员和病人提供餐饮服务。李四星感叹说："哪有什么岁月静好，只是有人为你负重前行！"

特殊时期，为了减少人员密集接触的传播风险，日常的自助和自选供餐模式已不再适用，中快餐饮提供了临时供餐方案，如分多批次供餐、利用网络平台订餐、根据需要分类热装盒饭送到病房。

2020 年新冠肺炎大疫对中快餐饮来说是一次重大的检阅，而中快餐饮人用"大爱"行动捍卫了"良知食堂"的荣誉。

第十五章

交班显风范

身先足以率人，律己足以服人，轻财足以聚人，量宽足以得人，得人者得天下。

——中快餐饮的行为准则

退而不休

2013 年，李平金年满 60 岁。按中快餐饮退休制度规定，他辞去了中快餐饮集团董事长职务，由其弟弟李四星接任集团董事长，李五星任高校餐饮总公司董事长。至此，中快餐饮集团实现了董事长顺利交班。2014 年，中快餐饮将公司总部迁至深圳。

不像很多企业交班时的大张旗鼓，中快餐饮集团的交班没有举办仪式，一切低调地进行着。李平金卸任董事长后，只有建议权，没有决策权，只作为一般董事参加董事会。

家族企业交班工作是管理学界的一个重要研究课题。东西方都有类似"富不过三代"的说法，其中不少企业是败在交班不顺的问题上。在欧美、日韩各国有更多的家族企业经历百年的发展后，家族成员仅仅只作为企业一般的董事，并不直接过问经营的事，但是企业仍然能保持兴旺，如杜邦、福特、惠普等。纵观中外家族企业史，也有不少企业由于交班问题而导致父子关系破裂、兄弟阋墙的事发生。

经历了体制内外领导岗位上的长期锻炼，李平金逐渐养成了开明而不独断、民主集中的领导风格。他深知，一个组织的领导人，不按时交班，或只是草率交班，不能把新人扶上马，送一程，就可能断送企业的前程。为了企业长远的发展，创始人首先要通过制度化建设，按时交班。为了企业的长远利益做好交班工作，这必须排上企业领导人的工作日程。

中快餐饮集团是李平金与家人、朋友一起创办的，他与弟弟李三星、李四星、李五星、李平波、李小平、李清龙、李宝龙，妹夫刘成梅、刘承、欧阳铭之间有着相当的年龄差距。他们的年龄在 40 到 50 岁之间，在中快餐饮工作了 20 年以上，经过这些年的磨炼，已经具备了执掌一家大企业的能力和格局。他们在工作上能够求大同，存小异，和而不同，携手前行，是中快餐饮集团第二梯队的骨干力量。

作为一个富有激情的创业型企业家，即便过了 60 岁，李平金依然保持着思维的活跃度，但交班工作要按制度进行。中快餐饮经历了 26 年的发展，面对信息技术的日新月异和经济环境的快速变化，又到了一个需要进一步升级的阶段，必须要有年轻的领导班子。

但是对于中快餐饮，李平金又有着一种无法割舍的情感。不争名，不领薪酬，他做着力所能及的事，为中快餐饮的长远发展做规划，努力塑造中快餐饮特有的文化，同时提升中快餐饮的社会影响力。

根据上级党组织的要求，李平金担任了中快餐饮集团党委书记，把党委的思想政治工作与企业文化工作有机地结合在一起，这也是李平金在国有单位的多年工作经验在民营企业中的应用。日常工作中，他以内刊、网络群为阵地，不时撰写一些有分量的文章，如《中国餐饮业现状、趋势与启示》（2014），就是站在行业层面的洞察;《中快餐饮的战略目标及措施》（2015）、《中快餐饮面临的机遇与挑战》（2019）写出了他对中快餐饮未来战略的思考;《立大志，做大事》（2014）、《怎样成为幸福夫人》（2016）则是面向股东子女和家属，激励他们做事业和帮助家人取得更大的事业成功，非常通达人心。

"没有调查就没有发言权"是他的口头禅。退休后的他更为常规性的工作是调研，不仅在内部调研，还考察学习先进企业的经验（如联合利华、阿里巴巴），甚至考察国外（如日本、越南等）企业。调研完成后，他都会形成报告，结合企业实际谈自己的感想，有针对性地对公司干部员工发出提醒和劝告。

随着中快餐饮事业的蒸蒸日上，李平金在中国团餐行业的地位日渐显著。2013年，李平金被中国教育后勤协会推选为第一届理事会常务理事，担任餐饮专家。2014年，中国烹饪协会选举李平金为团餐委员会副主席。2015年和2016年他被连续授予"中国餐饮优秀企业家"荣誉称号。2015年，他在高校后勤改革大会上被授予"高校伙食工作突出贡献人物"荣誉称号。

李平金在2005年已经认识到了参加全国性团餐会议、结识同行的重要性。离开董事长岗位之后，李平金有了更充裕的时间参加行业协会的工作，从而得以深入了解行业信息，与同行作更深入的交流，并参与了行业政策和标准的制订，为中快餐饮在行业内发声，提升了中快餐饮的影响力，也为行业争取了国家政策制订部门更多的关注。2018年，他作为起草人，参与制订了辽宁省《高等学校学生食堂社会化服务》，属于国内食堂行业的首部地方标准。2019年，作为起草人之一，他参与中国教育后勤协会编写了《高等学校学生餐饮社会化管理服务规范》，这成为全国高校餐饮行业的团体标准。

2933ICS 03.080.30
A 16

DB21

辽 宁 省 地 方 标 准

DB21/T 2833—2018

高等学校学生食堂社会化服务

University Student Canteen Social Service

J Y H Q

中 国 教 育 后 勤 协 会 团 体 标 准

高等学校学生餐饮社会化管理服务规范

(Colleges and universities, students, catering, socialized management, service standard)

中国教育后勤协会 发布

李平金是辽宁省地方标准《高等学校学生食堂社会化服务》和中国教育后勤协会团体标准
《高等学校学生餐饮社会化管理服务规范》起草人之一

文化培育

在很多人看来，相较经营的"实"，企业文化显得有点"虚"。但是站在岁月的长河中，我们会发现，随着岁月的流逝，很多"实在"的器物会慢慢磨损、耗散、变质，久而久之，灰飞烟灭，成为虚幻的东西。而看似"虚"的文化、价值观、思想的生命力，却越来越强，日益坚实，成为企业的真正内核，实实在在地影响着整个公司的发展方向和潜力。

李平金很早就在内部提出，中快餐饮企业文化的一个特点是"务实"，其好处不言而喻，就是办事一板一眼，绝不含糊，能吃苦耐劳，不会弄虚作假，这一点常常受到甲方的赞赏。但是过于强调务实，消极的方面也很多，他指出了三个方面不足：

一是发展上相对保守，小富即安。中快餐饮核心骨干队伍多数来自农村，受传统的思维影响很深，"老婆孩子热炕头"是很多从农村出来的人的追求，他们很容易满足于现状。但对于处在激烈竞争中的企业来说，常常是不进则退，不变而僵。因此，这种思维便成为中快餐饮进一步拓展的障碍。

二是重经营轻管理，对管理在企业经营中的作用认识不足。食堂管理已经成为一门科学，如果仅仅是通过关系把业务揽过来，却缺乏足够的管理能力去运营，最终会自砸牌子。这种事例在团餐行业中屡见不鲜。

三是对文化、品牌、战略等企业经营中的重要方面不敏感、不积极，这恰恰是很多企业发展乏力甚至衰败的重要原因。一个没有文化、丧失价值观的个人是不可交往的。同理，一个没有共同价值观、没有统一文化的企业，也是不会长久的。

李平金对中快餐饮的文化建设始终投以大量精力。他常以毛泽东为例："毛泽东是一位伟大的领袖，他的一支笔就像刀枪一样，对抗敌人的千军万马，他一篇文章就像吹响鼓舞全民的号角，激发亿万人民继续奋斗下去的信念。"他举了一个很多中快餐饮员工熟悉的例子："人的大脑犹如一块田地，不长庄稼，就会长草，绝不会空着。"

文化建设的重要基地，就是他一直以来主抓的内刊。

曾经担任地勘局印刷厂厂长和办公室宣传干事的经历，让李平金对于印刷、发行刊物的程序十分熟悉，他知道拥有一份属于企业的内刊，对增强企业凝聚力与向心力而言是多么重要。

早在贵溪铜都创业时期，李平金就请朱金平主编过一份内部刊物《铜都导报》。星星餐饮公司在创立之初，他还请刘星桥主编《星星快报》。那时的报纸尽管设计粗糙，纸张质量不高，稿件和印量也少，却是员工们争相阅读的重要材料。

在中快餐饮走向深圳、门店遍布全国之后，《星星快报》更名为《中快餐饮报》，现在已采用彩色印刷，每月出刊一期。

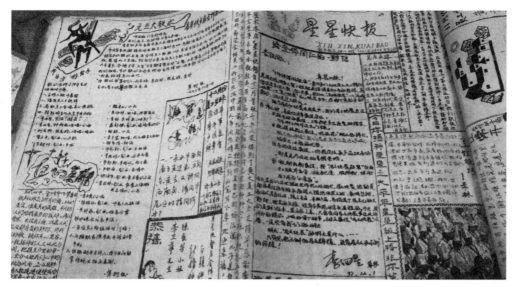

1997年手抄版《星星快报》

《中快餐饮报》的主要内容包括：表扬遵纪守法，歌颂好人好事；传播闯市场接单、善经营、懂管理、勇于创新的好做法、好经验，复制成功的经验在各公司分店执行；宣传增收节支，交流经营方法；分享增加营业额和利润的经验，从节省一瓢油、一度电上降低成本，尽力开源增收；展示好产品和技艺技能；宣传适销对路的面点、菜品。

随着中快餐饮管理人员数量日益增多，2008 年，李平金又以中快餐饮店长级以上干部为读者对象，编辑出版《当家人》内刊。《当家人》设计成 64 开本的小册子，跟一本《新华字典》大小相当，一般在 100 页左右，便于干部随身携带。《当家人》的主要内容包括：宣传中快餐饮集团的政策、制度；通报批评干部的违规违纪，警示干部少犯错；交流分享干部工作经验，相互借鉴，共同探讨；分享行业信息的资讯，关注行业发展方向。这本内部刊物面向店长及以上级别的管理人员，是管理人员了解和执行中快餐饮各项政策的依据。同时也相当于是一个函授课堂、一个内部人员相互学习和交流的平台。如此，将内部经验不断提炼积累，既提升了干部的专业、服务和管理技能，也提升了整个公司的管理水平。

在这些刊物上，集团干部带头写稿，李平金还经常向干部们约稿，同时还要求分店每半个月更换 1 次黑板报，作为贴近分店实际的宣传阵地。

2011 年，他发表了一篇文章《关于如何做好宣传工作的意见》，从各个宣传主体的任务，宣传教育内容选择，及做好宣传工作的方法，"分店应办好黑板报、宣传栏，公司要办好内刊，集团坚持办好《中快餐饮报》《当家人》等企业内刊，稿件力求可读性、通俗性，短小精悍，用数字说话，字数以 500 字左右为宜……""我们要求大家投稿的目的只有一个，就是希望大家多看书，多写稿，以写促进学习，促进思考，促进总结提高，提升自身的阅读和写作能力。"

此外，李平金还让编辑部每个季度统计各公司的投稿数量，并进行排名，对积极投稿的作者表示感谢，颁发证书和奖品予以鼓励。

编辑部主编邱永秀清楚地记得，每期《当家人》的初稿送到李平金手中后，他都会仔细地审阅文章中的每一句话，有时满篇都会写上红色批注。每期稿件他都要经过反复修改，李平金审稿满意后，最终才能刊印。

像这样的事情，在李平金的身上并不少见。干学标曾经是中快餐饮编辑部的骨干人员，他与李平金共事了八年之久，在他的回忆中，李平金常常为了一个字的正误查阅字典，为了一个标点的使用方法翻阅资料，甚至为一句谚语、格言、成语查找出处。

另一个非常能体现中快餐饮文化特色的载体是李平金策划的中快餐饮创业以来优秀员工事迹的编选。2012 年和 2015 年，中快餐饮连续刊印了《中快餐饮百人小传》和《中快餐饮人物小传》，合计有 230 人上榜。它们既生动地展示了一个个平凡的中快餐饮人奋斗的故事，又是记载中快餐饮创业的一部史书。涵盖面从最早创业的元老到表现优秀的新人，从高层到基层，有对中快餐饮有特别贡献的，有工作敬业的普通员工。这些故事都是编辑部工作人员深入门店进行采访和资料收集得到的，在尽量保持原汁原味的前提下，对员工事迹进行筛选，让人物形象栩栩如生，跃然纸上。

《中快餐饮百人小传》在 2013 年春节期间正式刊印，作为中快餐饮的新年贺礼送给员工，受到了员工们的一致好评。《小传》中介绍的人物有中快餐饮企业老功臣万端期、艰辛创业不言辛苦的李平堂、热忱待人的好员工宋兰英等人，这些都是"身边的人"，他们的故事更容易让读者联想起自己曾经的奋斗岁月，从而产生共鸣。

2004 年加入中快餐饮的左启泉深有感悟："《中快餐饮百人小传》是在讲故事，更是在写人生。一批创业者跌宕起伏的人生，让人觉得传奇不再是传奇，更是一段段鲜活的人生——有得意有失意，有泪水有汗水。而中快餐饮正是在这一段段鲜活的人生中成长的。这些人物一开始都是平凡的人，只是经历了风雨的洗礼，就像贝壳里的石子经过了千万次的磨洗，才成了美丽的珍珠。"

李平金在《中快餐饮人物小传》的序言中特别提到，编写优秀员工的故事，树碑立传，是一件非常有意义的事情，相当于内部的荣誉榜，其他员工可以此为榜样，力求做到更好。同时，上榜员工也要做到不骄不躁，坚持加强自身修养，继承中快餐饮优良传统。他笑言："也许在数十年之后，这本书将会成为重要的研究资料呢！"

除了对内的文化宣传，李平金还积极参与外部的宣传。他撰写的《高校引进社会餐饮企业存在的问题及对策探讨》刊登在《高校后勤研究》上。2012年，李平金关于高校餐饮的理论文章被选入《新时期中国高校后勤管理创新的理论与实践》一书。此后几年内，他在《高校后勤研究》这份专业期刊上发表了多篇文章，在业内产生了较大的影响。

家庭生活

阅尽繁华，返璞归真。李平金退休后的头一件事，当然是花时间多陪伴年近九十岁的母亲，李平金特地将母亲安置在办公楼附近的住房里，每天有空就过去问候，关照母亲生活。

李平金退休后，看书，看报，写稿，听歌，看戏。2014 年，为了庆祝母亲的八十大寿，李平金还主演了一出西河戏《薛仁贵征西》。演这出戏的目的同时也是为了纪念他父亲，因为父亲早在 1964 年主演过这部戏，李平金从小耳濡目染，对此情有独钟。

李平金饰演《薛仁贵征西》中的薛仁贵

西河戏，形成于清朝道光年间，因其产生地属赣江下游的西河流域，故名"西河戏"。在星子县、德安县、共青城等地，逢年过节，红白喜事，人们都会组织唱戏。村民们会自导自演，偶尔也会请专业的演员客串。唱戏的情景，与鲁迅先生作品《社戏》里的描绘十分相似。由于是熟人上演，又有戏台可以施展，舞枪弄棒起来，对农村人来说，比露天电影更有吸引力。

西河戏有各种乐器伴奏，其中有打击乐器，如锣鼓；有弦乐，如京胡和二胡；有弹拨乐器，如琵琶；还有管乐，如唢呐。每

李平金与家人合影

个剧本的内容都与京剧剧本相同，内容崇尚忠、孝、节、义。李平金欣赏它，主要是认为它既有故事性，又有思想性，既有歌颂英雄和人性的真善美的一面，也有揭露人性阴暗的一面。因为长年在外工作，每次听到西河戏的琴声和唱腔，他都会沉浸于乡音之中，感触良多。

退休后的李平金也像当年他祖父李仕铭一样，努力培育和贯彻他所倡导的家风，高度关注晚辈的教育培养。他常常提起家训"勤俭诚信，珍爱亲情。治家创业，教育先行"。每年大家庭都要开一个年终大会，他会让晚辈们报告自己一年来的学习和工作情况及新的一年学习、工作、家庭生活上的目标及措施，再接受长辈们的点评指导。

李平金有3个子女，大女儿李佳、二女儿李悦、儿子李成文章，3个子女都接受过高等教育，其中2个还取得了硕士学位。在李平金创业之初，妻子宋晓春是红白案中级厨师，能带领员工做饭菜，后来就专门在家辅助孩子学习。宋晓春既勤劳又节俭，是个贤内助。她从不干涉公司经营决策，一心相夫教子。李平金对侄子、侄女、外甥们的培养也非常重视，鼓励他们接受高等教育。很多人在大学毕业之后进入中快餐饮工作，他同样予以严格的要求，让他们与其他大学生一样到基层锻炼。对于优秀的侄子李白云、李成林、李森林、李斌、李成祥，外甥魏兰、魏青兰、万福平，李平金也举贤不避亲，积极培养他们成为中快餐饮集团管理层第三梯队的骨干力量。

展望未来

2020年初，李平金在集团干部会上作团餐行业分析报告时指出：2017年，在全球三大团餐巨头中，美国爱玛客的年营业额为人民币972亿元，法国索迪斯为人民币1627亿元，英国康帕斯为人民币2012亿元。这三大团餐巨头都已在中国开拓市场，预计未来5年将进行大规模并购，扩大在中国团餐市场的占比，这也将推动中国本土团餐企业优胜劣汰的进程。

2019年，中国团餐市场达到1.8万亿元的规模，预测每年将增长10%以上，中国高校学生有3000多万人，中小学和幼儿园学生有2亿多人，市级及以上规模的医院在2000所以上，还有大量的机关、工厂等单位需要团餐服务，因此团餐市场的空间非常巨大。

就团餐行业集中度（即排名前10名的企业营业额占全行业营业额的比例）而言，欧美国家的集中度为80%，日韩国家的集中度为60%，而中国在2019年的集中度仅为5%。可以预测，在未来20年，中国本土团餐行业也将会出现年营业额过千亿元的企业。

中快餐饮未来的目标是保持中国团餐前三强地位，积极开拓国外团餐市场，用20年时间进入全球团餐前十强。

实现目标的十大措施是：

1. 加强市场开拓，每年保持25%以上的增长，试行并购或控股小团餐企业，单品试行区域代理模式。

2. 大力培养和引进人才。建立招工基地，办好商学院，员工薪酬保持高于同行平均水平的10%以上。

3. 完善食材供应体系和标准化建设，建立种养基地，提供优质和特色食材。

4. 引进资本，引进先进管理，把资金利用率和人工效率提升到行业先进水平。

5. 大力推行加盟制，调动经营者的积极性，与经营者携手创业，合作共赢。

6. 建立产品技术研发中心，不断吸收新技术、创造新产品、利用新设备，多做委托加工项目，整合社会资源。

7. 优化管理制度，建立突发事件应急预案。重点是防止食品安全事故、火灾事故。易发事故的岗位要持证上岗，制定安全事故处理预案。

8. 加强党工团的思想教育工作，完善各级股东会、董事会、监事会的权限和责任，防止因权力不受监督而导致大错，防止腐败与分裂现象。

9. 打造中快餐饮品牌，做好品牌输出与经营管理。

10. 吸收更多同事入股，欢迎有资源的企业和个人加盟中快餐饮，把小公司做成大公司，把大公司做成大家的公司。

一个企业要想实现永续经营，必须要经历冬天的考验。在恶劣的环境中，企业能否持续生存发展，取决于它为过冬做了多少准备。多少年来，任正非一直在喊"华为的冬天"，但是华为却越发壮大，最终成为全球通信设备业的冠军，原因正来自这种居安思危的意识。当企业无时无刻不处于准备过冬的心态中时，就丝毫也不敢懈怠，只有员工和企业不断提升竞争力，做好过冬的准备，才能抵御严冬的寒冷。

伟大的企业不会怕冬天的到来，因为他们随时都在准备过冬。

中快餐饮的口号是，"用77年时间，成为一家伟大的公司"。尽管一路走来，中快餐饮的发展算是顺风顺水，但是我们不难发现，李平金的经历自始至终贯彻着一条主线，即那种永不满足的企业家精神，以及"永远在路上"的斗志昂扬的心态。他一方面不断提醒干部要有危机意识，时刻准备应对突发性的困难，另一方面不断告诫员工：中快餐饮所取得的成功，首先得益于时代，其次才是自己很好地把握时机，顺势而为，形成了先发优势、规模优势和集团化优势，因此不能骄傲自大。尽管中快餐饮取得了许多成绩，但要达

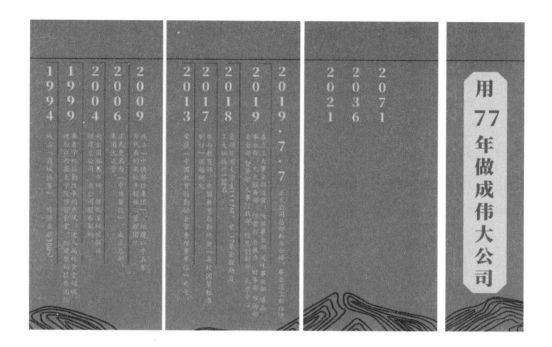

到一家世界级伟大公司的境界，还有很长的路要走。

站在当下看未来，在新任董事长李四星的谋划下，中快餐饮再次吹响了新的冲锋号。2019年底，董事会明确了未来的两大目标：

目标一：专注团餐，保持中国团餐前三强地位，引领中国团餐潮流，成就十万家人。

目标二：各公司按上市公司运作，食堂类总公司达到6家，单品类总公司达到10家，力争有总公司成为上市公司。

中快餐饮将在五个方面进行升级，包括：

1. 人才升级

人才是中快餐饮未来发展的首要问题。李平金提出的"三个经理里面要有一个大学生"的目标，到目前为止仍然没有实现。这倒不是内部有意懈怠，而是优秀人才的培育远比想象中的要慢，需要更长时间的历练。

中快餐饮未来将针对内部不同职业路线，明确各类人才工作的培育重点。例如在股东线上，加强党建，做好股东梯队建设；在创业线上，以"自我申请、组织评估"成立项目创业人才；在研究科技线上，要不断加强研发力量，积极申请专利。除了内部培育，中快餐饮还将借助外脑外智，包括发挥北京中心的作用，通过咨询公司、行业或专业交流会提升公司员工的知识水平。

2. 产品和服务升级

首先是产品的升级。中快餐饮设有技术部门，但为了适应大众日益重视的营养和健康需求，在研发投入和科技力量方面还需要进一步加强。中快餐饮将成立研究院，通过对原材料、调味品的研制，不断创新和丰富品类，提升菜品的品质。

其次是服务的升级。赋予现代食堂"营养、健康"的含义，引领食堂行业进入下一个变革周期，是中快餐饮作为行业引领者的重要升级方向。消费者对食堂的需求在不断发生变化，人们对营养、健康餐饮的需求，体现在食堂业，就是从吃饱到好吃，从好吃到营养。这需要中快餐饮走更加专业化的道路，通过密切跟踪用户的需求，研制更多适合特定用户群体的营养配方，提供安全、卫生、营养、美味、性价比高的菜品服务。

服务的升级还包含就餐环境的升级。食堂是一个公共场所，它所能提供的不仅仅是用餐服务，在未来它还将成为一个时尚而有趣的地方。例如可以引入现代设计理念，注入时尚元素，对灯光、桌椅、板凳进行设计，增强时尚感，增加娱乐场景。同时可以结合用户单位（如学校、医院、企业等）的特色，融入有中快餐饮鲜明特色的"良知食堂"文化，让用户感受到更多的人文气息，成为各用户单位育人的有机组成部分。

3. 管理系统和核心竞争力升级

中快餐饮首先需要用数字化、智能化技术对企业进行升级，引领团餐潮流。为了应对移动互联网时代的到来，很多企业都在积极部署数字化转型工作。食堂行业如何实现这一转型，仍然缺乏好的范例。作为行业的领军企业，中快餐饮已经在安全保障、监测等方面积极部署了数字化技术的应用，在中快餐饮的总部已经能够监测到各地厨房的实际运作情况。在利用数字化技术来提升企业的竞争力方面，中快餐饮也在积极利用物联网智能化设备，尝试通过移动终端大数据对用户消费体验进行观测和分析，以对抗借助互联网跨界而来的竞争对手的挑战。

管理系统需要根据企业的不同发展阶段同步进行调整和优化。从最初的简单直线职能制，到后来的分层股份制、事业部制，中快餐饮内部已经形成6大管理系统：即股东合伙人系统、企业文化系统、生产经营系统、品牌建设系统、财务控管系统和物资供应系统。随着这些年来中快餐饮不断在横向和纵向发展，公司需要对管理系统进行全方位的升级。

在横向发展方面，中快餐饮将有不少举措，如加大与关系客户的合作；单个项目向外部餐饮公司扩张；拓展三四线城市业务；开展校园内（区域内）外卖业务；中央仓储配送布局，与种植点配合；中央厨房布点扩张，形成供应链、生态链；收购兼并同类团餐公司等。从纵向发展看，公司将实施事业部细分运作，爆品项目转化，定制种植养殖业原料，委托加工或兼并食品原材料公司等举措，不断延伸和做强产业链。

管理系统升级会带来整体能力的升级。中快餐饮经过多年的经营，已经在安全、产品、服务、师徒制、供应链、运营模式等方面打造出了企业的竞争力。着眼于未来，需要重点培育：①产品的研发能力；②集中供应与配送能力；③中央厨房加工能力；④人才和管理标准化输出的能力。

4. 产业链和生态圈升级

随着企业逐渐向行业服务商角色转变，中快餐饮要打造以自己为核心的商业生态圈，这就需要更加强大的整合、协同能力，以带动整个生态圈的发展。产业整合能力不同于企业内部的行政管理，而更多是一种愿景的引领和相互的信赖，以及同行们对中快餐饮作为生态圈领头羊的认同。以中快餐饮为大平台，可以形成生态圈内的全方位合作，例如装修运营、开发广告宣传、信息化、员工保险、督导检查、培训师资等多种资源的整合，建立企业科创联盟，联合开发产品，通过生态圈内企业的共同努力，打通团餐全产业链，提升整体的竞争力。

5. 全球化升级

李平金一直以来都有"走出去"的梦想，但到目前为止，仍然没有实现对国外的突破。面对国际餐饮巨头的大军压境，中快餐饮决心有所突破，开拓国外市场，争取到 2036 年进入全球团餐前十强。这就要求在物资采购上，要有全球观，建立全球优质产品供应链。

宝剑锋从磨砺出，梅花香自苦寒来。在企业前进的道路上，时运大势的变化是一个重要的方面，有危亦有机，但企业家精神永远是将"危"化为"机"的力量。

行笔至此，对于李平金的经历和他所创办的中快餐饮的故事，算是告一段落。最后想再借用一段话作为本书的结尾，以表达对这位老大哥的钦佩之情。这段话记录在一百多年前德国学者马克斯·韦伯的不朽名作《新教伦理与资本主义精神》之中：

当一个人为数以万计的人提供了就业机会，并且在人口的增长和贸易的规模方面为自己家乡的经济发展尽了一分力量的时候，他自然会感到十分的喜悦和自豪。所有这些对近代商人来说，显然是生活中一种特殊的，并且无疑是理想主义的满足。[1]

---

[1] ［德］马克斯·韦伯. 新教伦理与资本主义精神. 于晓，陈维刚等译. 北京：生活·读书·新知三联书店，1992：55.

附录

同事和家人眼中的李平金

（一）同事眼中的李平金

我生命中的贵人

刘成柏

我出生在一个贫寒的家庭，能有现在的作为，都是因为我生命里有位贵人在帮扶，他就是李平金。

我俩的老家是邻近的两个村庄，但由于他比我年龄大十岁，又长期在外面工作，所以认识他时已经是20世纪90年代初期了，当时也仅仅只是见了个面，彼此谈不上有很深的印象。但与他这一见，就改变了我人生的轨迹，从此我们成了合作伙伴。他把我从农村带到了省会城市安家落户，让我过上了家乡人羡慕的小康生活。对生命中的这位贵人，我有忘不了的记忆和感恩。对生命中的这位恩人，我也无从报恩，只有用文字记录我印象中他为人的点点滴滴，算是对他的感激。

时间还要追溯到90年代初，1991年家父病逝，这对本来经济就相当拮据的我们家来说犹如雪上加霜。家里唯一的支柱倒了，我感到前所未有的经济压力和生活压力，家中还有弟弟妹妹尚未成家立业。在无助的情况下，我抱着一线希望，只身一人来到省城找到只见过一面的平金大哥，寻求工作上的帮助。晚上他留我在他家吃晚饭，并在他当时拥挤的家里住下。那一晚，我听他讲做生意的事。作为农村的孩子，第一次进城的陌生感和新鲜感，第一次听他讲出神入化的生意经，使我整晚都沉浸在一种美妙之中，那一夜，我知道了"资金周转"这个专有名词。当他知道我的来意后，问我想不想做生意。当时的我吓傻了，不敢相信自己的耳朵。我说："我一不懂做生意，二没有本钱，连进城都是头一回，东西南北都分不清，何谈做生意？"他说："你既然能来找我，说明你是一个有想法的人，人不会做生意可以学，没有本钱我给你垫，只要你敢闯、想学，我就会帮助你学做生意。如果你愿意，我想共青城处于发展阶段，那里对建材的需求量大，我会在那里找间店面，你就到那里做建材生意。再说共青城离星子老家近，好照顾到家里，你看怎么样？"那一晚，我彻底失眠了，思绪万千。我的天啊，做建材生意，那本钱得多大。听他说一个建材店开起来最少要几万元本钱啊！当时那个年代，万元户就是中国的暴发户呀！答应了他吧，可我没有本钱，没有经验，亏了怎么办？不答应他吧，可这是人家看得起你，人家无私地帮助你都不领情，那还能改变家里的状况吗？第二天天亮的时候，我糊里糊涂地就答应了他。他叫我早点回家做准备，还特意安排其三弟李三星来帮助我开店。临走时，他看到我的鞋子都破了，就送了一双鞋给我，并送我到车站。当时的我暗暗下定决心，一定不能让他失望，我会好好地学，努力地工作，用实际行动回报自己的恩人。

忆与恩师在一起的日子

程光仁

1995 年，我到铜都服务大楼上班，一次偶然的机会，我认识了当时铜都服务大楼的老板，也就是后来中快餐饮的董事长李平金。

初见董事长，感觉他很高大，面容中也显露出一份严肃。他很健谈，从他的言谈当中能感觉到他为人很和蔼、平易近人，而且他的声音既洪亮又有感染力，谈吐中会夹带着一些蕴含着人生哲理的星子县方言。他很幽默，也很风趣，时常用特有的星子口吻给我们讲"吃得苦，好搁伙；吃得亏，在一堆"。在平时的工作和生活中，他很勤俭节约，不会乱花一分钱，更不会铺张浪费。他深知赚钱的不易，也明白粮食"粒粒皆辛苦"，这与他不平凡的人生经历是分不开的。

与他相处，最让我记忆深刻的是在北京开会的那些日子里。那是 2010 年 9 月中旬，董事长来北京参加中欧民间友好论坛等会议。受到他的邀请，我也有幸同董事长一起参加了中国烹饪协会与百胜餐饮集团举办的饮食营养与健康座谈会，并陪同董事长先后参观了北京几家大型餐饮企业，其中食家鸽园的"天然绿色、生态营养"的经营理念，和合谷快餐机械化、流程化、标准化的生产模式，以及金丰餐饮的人脉关系和高端快餐的发展思路都值得我们学习。但是对我影响更大的，是在与董事长朝夕相处的几天里，对他简朴生活方式的感悟。一只红色的密码行李箱已经跟了他很多年了，没有半点的奢华，反而显得有些俭朴。他来北京开了三个会，最重要的一个是中欧民间友好论坛，时任国务院副总理李克强同志与会，并接见了全体代表。董事长特意买了一件新的衬衫，但西服还是公司往年发的工作服，不奢华不高档，但是干净整洁，穿在他的身上，显得很有气质。

开会的第一天晚上，会议组安排我们住在一家五星级宾馆，门市价一千多块一晚。我和董事长睡一个房间，房间很大很宽敞，但只有一张床，我便拿来一条毛毯准备去睡沙发。董事长却说："程光仁啊！睡床上吧，这么大的床睡三个人都好睡啊，不要太拘谨了。"记得当时还有万宗华、刘雷传都在一个房间，他们两个睡在沙发上。贾洪斌也来了，因为带了夫人，董事长没有留他们。他说道："贾洪斌啊！夫人来北京一定要住好点，夫人才是在后面支持你的人，打理家务最辛苦的人，我给钱你们再去开一间房间。我们几个男的凑合着睡一晚上也没有关系。"说完董事长爽朗地开怀大笑起来，让我感受到一种无比熟悉的爱，这不正是一种父亲般的爱、兄长般的爱吗？不拘束，不嫌弃，对下属关爱，在生活上尽心照顾。董事长这种朴实的真诚，这种对我们每一个中快餐饮人的牵挂，激励着我们不断向前。

参会的当天，为了能够更好地展现中快餐饮风貌，我们提前在现场摆放了展架和宣传资料，效果非常好。可是展出结束后，面对几个大展架，大家都皱起眉头来。展架是组装的，以零件的形式搬来容易，可是组装成大块头，不太好搬动。看到大家都没了主意，董事长率先开口："这样吧，一共三个展架，我们一共三个人，每人一个，就把它们搬回去了。"我走过去掂了掂分量，着实不轻。董事长却一个箭步走到展架前，双腿微弯，身体下探，同时胳膊揽住展架。展架随着他的重心抬高而离地，然后他便径直朝宾馆方向走去，走几步回过头，一脸轻松地说："你们比我年轻，我们看看谁先回到宾馆。"看着他离去的背影，我心里的敬意油然而生。

董事长很喜欢听戏，对中国古代戏曲和地方戏曲都有涉猎。听戏的同时，他还会给我们讲解中国戏曲文化的精髓，与我们分享听戏的乐趣。这体现了他对生活的热爱，说明他积极乐观、向上向善的生活态度。

在工作上，董事长提出的很多建议让我受益匪浅。有一次，他说："程光仁，你领导的天津公司有近千人的队伍，很多工作不可能事必躬亲，管理的艺术就是要善于授权，善于授权方能让团队敢闯敢干。"他还叫我做好后备人才的培养工作。招人可以通过多种途径进行，比如可以大胆地用一些退伍军人作为后备力量，在人才紧缺的时候可以到一些机关食堂或者酒店找一些兼职厨师。引进优秀厨师的时候要舍得出高工资聘用高端人才。董事长还特别强调了思想和宣传工作的重要性，他提醒我们要经常表扬先进，批评和整顿不良作风，让整个公司形成良好的风气。

生活上，董事长对我们也是关怀备至，他嘱咐我要注意身体，对我们这些肥胖人士，他建议要"管住嘴，迈开腿"，话语虽然朴实，但字里行间却流淌着一种仁慈长者对我们的关怀和厚爱。

那次北京参会结束后，我邀请董事长去天津公司看一看，董事长欣然前往。他很敬业，马不停蹄地花了一天的时间走完了天津的几个分店。在天津大学食堂考察时，他叮嘱我们要按现有就餐条件和厨房配套设施进行改造。天津大学食堂是天津市场的第一个单，他建议我们不要一味地追求营业额，要在确保安全生产的同时，抓管理，抓服务，抓品质。而后，他又来到天津大学自营的第四食堂，不断地指出对手的优点，要求我们学习对手的优点，同时适应北方市场。到耀华分店时，他还兴致勃勃地问起当时的店长饶梅元是哪里人。饶梅元用一种想跟董事长套近乎的口吻，说了一句非常正宗的星子话："我是星子县蓼花镇的。"谁知董事长非常严肃地说："请讲普通话。"而后他语重心长地对饶梅元说："因为现在、以后和将来，会有越来越多的不是星子籍的员工加入我们，所以我们要说好普通话，这样中快餐饮才会在全国走好、站稳。"晚餐是在天津理工大学分店用的，检查完后，董事长拿着餐盘打了二两米饭、一份青菜、一份豆腐、一份土豆丝。我们也打菜一起吃了起来。才没吃几口，董事长突然皱起眉头，撅起嘴，让我把店长吴家彬叫过来，随后对他说："你这是做的什么豆腐？没有味道的豆腐学生怎么吃得下！我们怎么做良心食堂，你这个店长是怎么当的？"

董事长是一位永不停息的开拓者，他的这种对事业无畏而又执着的追求、对公司事业无私的奉献，给中快餐饮带来了无限的生机和希望。

我与李平金共事的八年

干学标

2005 年 8 月，我经老同事李平荣介绍，来到了中快餐饮集团上海公司复旦大学张江分店，在那里与李平金开始共事。我在上海公司工作了两年，2007 年下半年被调到中快餐饮集团总部工作。到集团总部后，特别是在集团董事会办公室工作后，总共有八年多的时间，我与李平金朝夕相处，对他的为人处事、经营之道、工作作风及刻苦学习有很多亲身感受。

李平金给我的第一印象是：智慧、大度、平易近人。复旦大学张江校区学生食堂是中快餐饮在上海接到的第一个食堂承包合同。按照合同规定，除应交一定的管理费外，食堂的一切生产管理工作都由中快餐饮负责。但由于此单是上海交大后勤集团李荣经理介绍的，他敢于常常批评李平金，不留情面。李平金当时任中快餐饮集团董事长兼上海公司总经理，企业的管理工作理应由他说了算。但为了中快餐饮能在上海这个大都市立足，也为了能更好地利用复旦大学这块招牌，使中快餐饮在上海发展，李平金表现出了极高的智慧和大度。面对指责，只要李荣说的是对工作有利的，他马上就做；李荣说得不对的，他也耐着性子解释，从不与李荣经理发生争执，甚至对他个人的一些过高要求也都尽量给予理解。他常常对自己的下属讲：为了中快餐饮整体的大利益、长远利益，在局部上、在小的问题上吃点亏不要紧。眼前吃点亏，将来会有回报的。他同时要求管理干部一定要把食堂的饭菜做好，把卫生搞好，要加强对员工的培训，多储备一些人才，一定要把"中快餐饮"这块牌子在大上海打响。

实践证明，由于李平金的经营决策对路，为人处世智慧大度，工作方法灵活，工作很快就有了成效。复旦分店当年虽然在经营中赚钱不多，但是中快餐饮的经营理念、饭菜质量、清洁卫生、服务态度得到了复旦师生的高度认可，受到了学校后勤管理干部的高度评价。好的口碑很快四处传扬，此后不时有各高校的后勤领导到复旦大学分店参观考察。半年后，中快餐饮便拿下了上海双钱轮胎厂、苏州科技学院、苏州职业大学、南通大学、苏州大学等几个新单，中快餐饮上海公司得以顺利发展，如同芝麻开花节节高。通过 8 年的奋斗，中快餐饮以复旦为依托，迅速拓展了业务市场，先后接下了几十单，由一个公司裂变成上海和苏州两个公司。

朴实大方，平易近人，这是李平金为人处世的原则。2005 年 8 月接手复旦大学张江分店时，正值酷暑季节，李平金亲自带队坐镇指挥。新开张的食堂，在住宿条件方面有些困难，在分配宿舍时，李平金叮嘱店长和主管，要把条件好的寝室先分给厨师和普通员工，管理干部和他本人应最后考虑。按李平金的身份和条件，他是可以住在舒适的宾馆里的，但为了与干部员工打成一片，增进交流，他坚持与员工住在一起，用餐也是与员工一起排队打饭。记得当时他和几个管理干部同住一间房，两张上下铺双层床，睡 4 个人。房间里有蚊虫，他们只好挂起了蚊帐。那个房间窗户朝西，房间里的温度很高，用手摸墙都烫手，上半夜无法在房间里睡。于是李平金带头买了一张凉席，点上一盘蚊香，便在大厅的地面上睡觉。那时的员工队伍是从江西调集来的或是临时在上海招聘的，在工作的配合上有个磨合期。为了尽快有效地开展各方面工作，李平金总是找干部员工交流谈心，拉家常，态度随和，没有半点董事长、总经理的架子。员工都很愿意和他交心做朋友。在食堂开餐的时候，他时常到窗口帮助打汤卖饭。从深圳应聘到上海公司工作的马国齐师傅曾多次对我说过：他到过很多地方，也见过很多董事长、总经理，像这样不摆架子、平易近人的，只有李平金一个。

吸纳人才，求贤若渴；培育人才，竭尽全力。李平金非常清楚，企业在初创期，员工必须要有一定的忠诚度和吃苦耐劳精神才可以把事情做好。随着企业的发展，规模越来越大，员工越来越多，仅靠师傅带徒弟的老式管理办法，仅靠吃苦耐劳是远远不够的，必须要有一大批文化素质高、知识面广的人才加入中快餐饮这个大家庭，企业才能得到巩固，才能健康有序发展。

为吸纳人才，李平金主张在社会上广泛招收餐饮方面的技术人才，同时花大力气招聘有志向从事餐饮业的大学毕业生。他经常亲自过问人员招聘工作，甚至每年都参与大学毕业生的招聘工作。他亲自起草了《中快餐饮集团关于大学毕业生招聘使用管理办法》，对大学毕业生的招聘培养倾注了极大精力。他不仅仅只是号召、要求各级管理干部要重视对大学毕业生的使用培养，对准备任用在重要岗位上或拟提拔的人员，他还亲自逐个考察考核。对这类大学毕业生，他除了要求他们到基层锻炼之外，还要他们到董事会办公室实习一段时间，要求他们阅读本企业的专业书刊，到分店做调查研究，撰写调研报告，让其口述自己的经验体会，以锻炼他们的工作能力、写作能力以及口头表达能力。李平金为他们还设置了一道必不可少的课程，那就是要亲自到农贸市场买菜，自己烧饭做菜，然后让大家品尝，并提出质量优劣的意见。有些人想不通，"我们是搞企业管理的，为什么要烧饭做菜？"李平金谆谆教诲道："中快餐饮人是做餐饮事业的，是为千百万人烧饭做菜的，企业的管理干部一点都不知道煮饭烧菜的技术原理，甚至于连基本常识都不懂，怎么能管理好这个企业呢？"被安排到办公室锻炼的大学毕业生有李哲、张煌、张灏秉、段晓辉、杨理德、熊俊华、文官明、张召兵、谭洪、于萱、邱永秀、汪超、张智平等。在李平金手把手的教导下，现如今这些人基本上都已经走上了企业管理岗位。

在干部任用方面，他坚持"任人唯贤"的原则。中快餐饮集团是家族式企业，企业创办之初是李平金、李四星兄弟互帮互助起家的。在企业发展过程中，兄弟姐妹、亲戚朋友中的佼佼者走上了管理岗位，这是人之常情。然而，李平金并非只用自家人。对有能力的外姓人才，他也视之如宝，重点培养，并提拔到重要岗位上，如黄伟林、盛国庆、华军涛、刘成柏、代薇、杨理德、左秋华、刘小荣、魏青山、李良明、王登清、汪凯旋、李君平、王青元、邹金生、李代友、阳志茂、汪超、刘清河、罗招根、左启泉、缪官林、王本文、程光仁、徐德海、王宝林等，特别是对王宝林的提拔和重用更是令人印象深刻。王宝林是星子县花桥乡人，与李氏家族相隔几十公里路，也没有亲戚关系，两家从不相识。王宝林是经人介绍到中快餐饮当学徒的，从厨房打杂做起，搬盆拿料，然后学着切菜、炒菜，成为一名优秀的厨师，并先后被提拔到部门主管、店长、经理、副总经理、总经理、集团技术处处长等职务，并被批准为集团股东。李平金有很多亲戚在中快餐饮工作，其中不乏拥有大学文凭的人，但他们仍在一般岗位上工作，其原因是李平金在用人方面坚持"任人唯贤"，而不是"任人唯亲"的原则。

在工作上，他对员工要求严格，而在生活上，他对员工体贴关心。轮岗到董事会办公室担任文秘的工作人员有很多，有的是特意被安排到办公室锻炼的人员。这些人进入董事会办公室后，李平金在工作方面对他们的要求很是严格，从办公室的清洁卫生、书刊文件的整理、文件收发、文稿起草打印和校对等方面，都要他们做到认真仔细，以高质量、高标准来完成。一旦发现有人偷懒，工作懈怠，不认真、不仔细，不能按交代的时间完成任务，他会毫不留情地当面提出批评。对办公室里的工作人员，他要求大家除完成手头工作外，还要认真看书、看报、写文章，并时常带领大家下基层到分店搞调查研究，采访好人好事，进行宣传报道。凡是进入董事会办公室工作的文秘人员，或是安排在那里进行锻炼的大学毕业生，经过一段时间的历练，大都进步很快。他们的工作作风变得更加严谨，从开始不知从何处下笔写文章，硬是被"逼"着能写出简单报道或个人心得体会，到后来还能写出篇幅较长的文章；除此之外，他们还都学会了烧菜做饭。李平金对待下属在工作上严格要求，但在生活上却对他们关怀体贴，经常与大家谈心拉家常，什么人家中有困难，只要他能做到的，都会尽力帮忙。我的妹妹曾在南昌住院治病，一时遇到经济困难，我向李平金提出借款要求，他二话不说，跑前跑后，到银行取出现金及时送到医院，解了做手术的燃眉之急。还有老员工提出子女工作安排的要求，他从不推辞嫌麻烦，经常多方打电话联系，帮助解决问题。办公室里的工作人员总是自己动手烧饭解决伙食问题，李平金时常买些菜来改善大家伙食；遇到元宵节、端午节、中秋节，凡是没有回家过节的工作人员，李平金总是自己掏钱请大家到餐馆加餐，让大家享受节日的快乐和亲情的温暖。

坚持学习，奋斗不息，这是李平金一直坚持的好习惯。他带领合伙人创建了中快餐饮集团，让企业不断发展壮大，但他不论是在哪个岗位上，总是锲而不舍地在学习。他经常自费去听课，不断为自己充电，增加新的管理知识。在生活上，他却十分节俭，从不乱花一分钱。作为有几万名员工的集团董事长、中国团餐行业的领头人，他却不要求有自己单独的办公室，而是与其他工作人员在一间十几平方米的房间里集中办公，办公桌是花80元钱淘来的二手货。但他在参加学习听课、购买学习书籍、订阅报刊等方面则十分舍得花钱，用几万元也在所不惜。李平金在担任中快餐饮集团董事长后，几乎每天都在批阅、修改、撰写文稿，每天都坚持读书看报。他撰写的各类著作也有不少。他曾多次在《中国教育部》《中国食品报》《高校后勤研究》等报刊上发表文章，他编著的《现代食堂管理》一书由北京大学出版社出版，在全国各地新华书店发行，受到全国同行的高度肯定。

李平金工作作风严谨，学习刻苦，为人随和，观察问题敏锐，处事机智灵活，为企业员工，特别是企业管理团队树立了榜样。不仅如此，他还养成了良好的生活习惯，他不喝酒、不吸烟、不跳舞、不赌博，平常喜欢读书看报，爱听音乐，每天还坚持散步锻炼身体。他爱整洁，爱卫生，只要有时间，他都自己亲自扫地抹桌子。到基层视察工作时，用餐都是他自己掏钱在餐厅窗口买饭买菜。他总是尽量挤出自己的空余时间为干部员工培训讲课，并尽最大努力为基层解决一些实际难题。李平金严谨的工作作风、良好的生活习惯处处彰显了他作为企业领导者的个人魅力。李平金的人格魅力，给员工留下了极为深刻的印象。广大员工对他尊敬，为他折服。

（二）家人眼中的李平金

饮水思源感恩深

李平堂

李平金是我的堂兄，也是带领我们这一辈人甚至下一辈人由农村走向城市、由困苦走向幸福的领路人。他是中快餐饮管理层的年长者，出于大家对他的尊敬，我们都称他为"老大"或"大哥"。

作为率先从村里出来打拼的拓荒者，早已在南昌建立基业的大哥邀请当时在农村务农的我放弃挑沙、烧砖、打鱼等卖苦力的谋生工作，于1993年冬来到江西有色地质勘查局招待所下属的"养膳楼"酒楼工作。

1994年，大哥打电话召集我加入他新接手的项目，位于南昌万寿宫商城的快餐店，即现在中快餐饮集团的前身。从此，我彻底离开了农村，我和我整个家庭的生活轨迹也发生了彻底改变。时至今日，我已在外打拼20余载，从青年步入中年，从父亲变成爷爷和外公，从农村人变为城里人。现今，我已经在南昌置业定居下来，有稳定的工作和收入。三位子女均已长大成人，大儿子李斌16岁初中毕业后加入中快餐饮，至今已有十多年，他已成家立业，娶妻生子，在中快餐饮集团南京公司任职且买房定居；二女儿也嫁为人妇，女婿同样是广西公司的一员，他们都与中快餐饮一起成长和发展。小儿子在南京大学毕业后，被国家保送去美国留学，获得博士学位后回高校工作，现也在中快餐饮工作。值得一提的是，大哥向来对教育事业尤为重视，时常与他谈心，并鼓励他要学业有成，而且小儿子也时常说起自己非常感谢平金大伯的器重与厚爱。

我，我的子女们，我们的家庭与工作，无一不烙上了中快餐饮的印记。每当回顾这一路走来的岁月和经历，我一直庆幸自己能成为这艘大船的一员，更是从内心深深地感激这么一位领我走上大道的长兄。若没有他，我的人生道路毫无疑问会是不一样的。

我能确切地感觉到我现在喝在嘴里的水是甜的，而且远比二十年前嘴里的水要甜美得多，所以我非常知足，时常感恩，时常饮水思源，同时我也时常告诉我的家人、徒弟、亲戚、朋友，要知足，因为知足才能常乐；要感恩，因为感恩才能心安；要饮水思源，因为思源才能不忘本，才不会得意忘形。

现在社会上有能力的人不少，我相信大哥是个有能力的人。开荒拓土、凿山为路、破土为泉的领路人永远是最可敬的，这种勇气不是每一个人都具备的。从农村走出来奔向城市，把中快餐饮从一辆小快餐车发展为拥有几百家分店的大公司，成为中国团餐行业的龙头企业，这种只有拓荒者才能具备的勇力与魄力令人折服。单纯的勇气只会让人走上"莽夫"的不归路，但是大哥能够审时度势，清醒而有力地为这艘"团餐航母"掌舵，实在难能可贵。

大哥在创业期间，没有把我们这帮兄弟姊妹、侄子孙辈们抛下，他把我们一个个地拉上了这艘巨轮。我们也一直忠心耿耿地为这艘巨轮的前行保驾护航，提供动力。我热爱厨师这一职业，忠于企业，热爱这个和谐的团队，并且对这项事业充满感恩。在这项事业上，我毫无怨言地投入了我这一生中最好的年华，因为我看到这项事业不仅能给我们带来富足的生活，更能让我们一直团结在一起，让我们的关系更为密切，犹如攥紧的五指，奋力挥舞拳头为生活打拼，充满激情。所以我一直倾尽心力、兢兢业业地做好我的本职工作，为公司的发展而欢欣雀跃，也为公司的困境而焦虑不已，这不仅仅是因为热爱，更包含有一份对大哥的信任与因受他提携而产生的深深感激与报答之心。

岁月催人，转眼间，我已是年近60的人了，拥有幸福美满的家庭。追溯这幸福的源头，我看到了大哥的影子。大哥理应也是幸福的，因为他成功了，成功地为大家开拓了一条康庄大道。我想，如果他回头看自己的身后，一定会看到我们许许多多人的谢意。真的，我感谢你，我的大哥！

我这一生，要感恩改革开放，是这个大环境让我有了出人头地的机遇；要感恩父母，是他们哺育我长大成人；要感恩大哥，是他领我走上了星光大道；要感恩中快餐饮这帮兄弟姐妹，是他们的体贴和包容使我成为一个幸福的人！

榜样兄长李平金

李平波

说起我与平金大哥之间的往事，得从记忆中的发糖、赠送学习用品开始。虽然小时候父母也偶尔会从大队商铺买两分钱一个的玻璃糖给我，但大哥每次回家给我带来的都是在省城买的一大堆软软糖、花生糖。我都会把它们藏在枕头底下，慢慢品尝。它们的酥软香甜，一直留在我记忆深处，那是我儿时吃到的最好吃的糖果。

小时候农村穷，能在城里上班，吃上国家商品粮是农村人最羡慕的事情。大哥很早就参加了工作，也是我们家族中最早在省城安家落户、吃商品粮的国家干部。他每次回家都让村里人羡慕不已，一件白色的确良上衣就体现了城乡差别，按月发放的工资更是令人艳羡。从那时开始，大哥就渐渐成为我心目中的榜样。那时的农村，跳出农门的唯一途径只有当兵和考学。当兵对农村孩子来说也是不公平的，城里孩子当兵回来有工作可以安排，农村孩子只有在部队提干后回来才有机会安排工作。而走读书考学一途，我们家族出了几个人才，我也从小就在学习上得到大哥的帮助和鼓励。大哥对读书人特别器重，总不时地送些书、钢笔和写字给我们。记得我小学五年级时，大哥送给我一本快速学习记忆法，书中有题字："方向对 + 决心大 + 方法好 = 成绩，天才来自勤奋，知识在于积累"，我一直将它作为我学习的座右铭，受益至今。

1989 年，平金大哥叫我到贵溪铜都酒家做事，跟随华军涛大哥、李四星贤弟、李卫华师傅、宋晓春嫂子学习炒菜，在那里我学会了切菜、炒菜的基本知识和原材料初处理常识，会做松子鱼、拔丝苹果、砂钵狗肉等菜肴，还与傅登荣大哥、刘建斌、李三星贤弟一同打理化学试剂采购站的工作。20 世纪 90 年代，我们就常坐轮船到上海浦东、宝山、嘉定和浙江萧山等地。当时银行结算手段落后，异地基本上是要用现金结算。记得第一次去时，我是一个人坐下午 3：30 从贵溪出发、第二天早上 7：30 到上海的火车，由于身带万元现金，坐的又是硬座，根本不敢睡觉。到上海后，联系不上接站人员，我又没有上海方面的联系方式，于是万分着急。我在上海火车站用固定电话打回贵溪铜都服务大楼，最后通过贵溪方给的地址，总算找到了上海办事处的傅登荣大哥。他们也是虚惊一场。在贵溪的 3 年时间里，在大哥的资助下，我通过自学考试，顺利取得了海南国际经济与工商管理学院颁发的文凭。

1992 年春节，在大哥出资帮助下，我与刘香珍结为伉俪。婚后一年，由于考虑生小孩的原因，我去了共青城做起个体生意。有了前些年在外闯荡的经验，加上同学的帮助，日子过得还算红火。90 年代末，由于受亚洲金融风暴的影响，企业三角债特别严重，不少客户拿啤酒抵扣拖欠我的账款，有时两三年的欠账都结不下来，严重影响我资金的正常运转。那时大哥和四星在南昌的星星公司刚刚起步，刘成柏兄也来共青城邀请我加入，他说星星公司以后发展前景广阔。于是我毅然决定放下别人欠我的债务，来到星星公司，从此彻底改变了我一生的命运。这么多年来，在以大哥为首的家人帮助下，无论是我的工作学习，还是我的生活水平都有了质的飞跃。一路走来，我在分店、公司和集团的各个部门都担任着重要的工作。这些年通过学习也取得了相关的资质证书。2004 年，我通过自学取得了人事部全国人才交流中心颁发的"中级商务策划师"证书，2005 年取得了国家劳动部颁发的"高级营养师"证书。我个人生活上基本达到了小康水平，在城里有了自己的商品房住宅，乡下有度假的小洋楼，经济上再也不用为吃穿用犯愁了。这一切的一切，都要归功于大哥对我的帮助，他让我做出了正确的选择，走了一条正确的道路。大哥对我恩重如山！

平金大哥是个生活俭朴、大方又低调的兄长。工作服是他日常的主要服装，很难得见到他穿一件华贵的衣服。有时因为忙于工作，几个包子、馒头便可成为他的主食。大哥做事很低调，每次股东开完会，他总是再三叮嘱我们：现在日子比以前好过了，但不能乱花钱，不能赌博，要忠于家庭，业余时间要多学习，"人不学不如物"，不学习就会被时代抛弃。

大哥做人大方，重感情。家里有亲戚在省城医院看病住院，只要他知道了，都会到医院探望，还会塞上一些钱。企业员工遇到困难需要帮助，他总是慷慨解囊。逢年过节，包括平时回家，他都会给家里的长辈带去不少营养品，还会再塞上一些零花钱。因为我们在全国各地工作，平时联系少，为加强家族成员间的团结互助意识，在大哥的倡议下，从2003 年开始，我们大家族每五年举办一届亲友团拜会，整个大家族人一起用餐，相互交流学习，大力弘扬中华民族尊老爱幼的传统美德。

大哥家有兄弟姐妹 8 人，他是家中长子，对弟妹们的学习非常操心。刚参加工作时，虽然自己收入不高，但他自己还是省吃俭用接济弟妹们。1988 年，他"下海"经商，1990 年他就在乡下老家盖了一栋当时村里最高档的两层水泥青砖楼房，给父母亲争了面子。大哥的父亲、我的三伯父由于多年的操劳，积劳成疾，过早地离开了人世，留下伯母一人。这些年，大哥把伯母一直留在自己身边，照看她的饮食起居，定期为伯母做身体健康检查。每天下班后，再晚他都要到伯母的住处走走，出差在外则打电话叮嘱弟、妹照看。知道伯母思念乡下，他经常会带伯母去乡下走亲串门，住上一两天。每到逢十的寿辰，他都为伯母举办隆重的生日。在大哥和弟妹们的悉心照顾下，伯母虽年逾八十，却仍精神饱满，身体康健。在关心父母这一点上，与大哥相比，我是远远不够的，大哥是我学习的榜样。

大哥是中快餐饮的引路人和开创者，在事业上他力主走自创品牌之路，开创了中国高校团餐事业的先河。以他为首的集团董事会给中快餐饮发展制定了五年、十年、十五年规划，让每个中快餐饮人的梦想在一个一个地实现。

榜样兄长，兄长榜样，我心中永远敬重的大哥！

我眼中的董事长

刘成梅

我从商二十多年，从一无所有，到现在有车、有房、有一个幸福的家庭，这一切都得归功于一个人，这个人就是李平金。他是我人生中最大的恩人，也是对我影响最大的人。我不但是他的老部下，而且有幸成了他的妹夫。无论在事业上还是在生活中，他都是我心目中的标杆和导师，在家庭中他又是我们的好兄长。由于我的文化水平有限，很难用文字把我最崇拜的人——李平金描绘得全面而形象，我主要回忆他在贵溪经营铜都服务大楼那两年的情况。他是一个非常注重细节的人，我非常佩服他的经商头脑，及其对事业大胆开拓的劲头和求知若渴的学习精神。

当我十几岁的时候，就听说了李平金这个名字。因为我的老家跟他老家只有 500 米的距离，而且我和他的弟弟李三星是同学，所以对他有些了解。在当时我的心目中，他早就是一个"大人物"，是一个能人。

1988 年，李平金就大胆"下海"，带一支队伍从南昌市到贵溪县承包了铜都服务大楼。当时他也是冒着很大的风险的，因为大多数钱都是借来的。而我那时刚从学校出来，在鄱阳湖打鱼为生。但我总觉得打鱼不是我人生的奋斗目标，也想到外面去闯，去增长见识，所以我毅然卖掉了渔船。经同学李三星介绍，我也来到了贵溪铜都服务大楼。我清楚地记得，当时的李平金不是我想象的那样高高在上，而是非常和蔼，还主动和我唠家常。

我是一个刚从农村走出来的孩子，对外界非常陌生，胆子也小，不会讲普通话，人又很黑，因此我很自卑，不敢乱讲话。可李平金的热情和平易近人的谈吐，一下子就把我的顾虑打消了，与他没有了距离感。他知道我的来意后，鼓励我努力学好一技之长。他主张我学习烹饪技术，他说：民以食为天，做餐饮是一个永恒的行业。对此，我非常感激，他在我人生迷茫的时候为我指点迷津。所以我安下心来，怀着感恩，通过努力工作来回报他。他还让我在空闲的时候跟着服务大楼的会计学会计知识。

在那段时间，李平金给我的印象是非常勤劳，非常敬业。我在炒菜时，他经常站在灶边指导我。虽然他不是厨师出身，但对于烹饪，他是个行家，讲得头头是道。他指导我炒菜要注意火候，要把握好用盐量，要入味。经他的亲自调教，我也成长得比较快。他很关注细节，有时看到楼梯上有垃圾，他会拿着扫帚打扫。虽然他是老板，但他从不搞特殊化，而是带头遵守制度，带头排队买饭、交饭票。他很关心员工，记得我第一个月发工资时领了 50 元。到了晚上，他找我谈心，体谅我的辛苦，所以另外补给了我 100 元工资。他很关注员工的内心世界，经常到我们寝室走动，找我们谈心。他的个人爱好就是学习，看书报，而唱歌、跳舞、扑克、棋类则跟他无缘，因此大家给他起了一个外号叫"工作狂"。总之，他闲不住，就是到了深更半夜，他都要到大楼四周巡视一遍，觉得安全了才放心去休息。

我非常佩服李平金的经商才能。他刚接手铜都服务大楼时，也是困难重重。因为当地人经营时亏损非常严重，员工工资都发不出来，整个大楼一片凄凉。李平金一接手，就大刀阔斧地进行改革，精减人员，打破原来那种吃大锅饭、平均主义的机制，实行多劳多得，按营业额和利润提成工资，这在 1989 年还是比较先进的做法。他一开始就狠抓内部管理，着力提高服务质量，对客房、餐厅的卫生和服务的要求相当严格，以致原来习惯了大锅饭的老职工忍受不了，自愿离开。李平金就重新招聘一批有文化、有素质、有活力的年轻职工，他亲自培训，于是铜都的精神面貌焕然一新。管理跟上了，他就主动出击，组织人员跑业务，积极揽生意，扩大宣传影响。他还想方设法找到县长艾佛胜题字做招牌。

他很会捕捉商业信息，一打听到贵溪化肥厂工程即将上马，就主动找关系，硬是把分配到化肥厂的新职工几十人拉到铜都来吃住。因为化肥厂正在筹建，职工宿舍还没建起来，所以这是一个很好的机会，李平金抓住了。虽然他们的住宿费每人每晚只有 5 元，但一个房间可以住五个人，每人每餐要花 1 至 2 元，总数算下来，在那个年代还是很可观的。

李平金利用种种有利条件，积极招揽客源，并广交良友，经常与他们交流感情，征求意见。每逢佳节，李平金都要亲自宴请这些老顾客，让他们真正感受到住在铜都就像在家里一样温暖。铜都的住宿率一直特别高，日均达到百分之九十以上。

李平金有敏锐的商业眼光，他看到了贵溪餐饮市场前景很好，便果断投资装修铜都服务大楼。因为没有资金，他就向银行贷款。当时，铜都服务大楼与贵溪家具厂联合向银行借款 10 万元，铜都服务大楼是担保人，两家各用 5 万元。但一年后，贵溪家具厂经营亏损严重，厂长跑掉了，银行贷款全部要由李平金偿还。李平金只好跟家具厂打官司，法院判了家具厂败诉。家具厂用销不出去的蜂箱作抵押，每只蜂箱的价格折算成 90 元，一共拉来了几车蜂箱，后来李平金按每只 15 元的价格卖出去了。有些同事不理解，李平金就大度地对大家说："人家也是没办法，有蜂箱比没有要好些。这对我们是一个教训，找对合作伙伴非常重要。"

铜都服务大楼装修好之后，虽然规模不算大，但已经是贵溪最豪华的酒店了，加上特级厨师李四星亲自掌勺（他的拿手好菜有家乡豆腐、松子鱼、砂钵狗肉……）更是让慕名而来的客人络绎不绝，因此铜都服务大楼生意非常火爆。李平金承包大楼第一年就还清了借款，还结余 2 万元拿回老家建房。这不是神话，是李平金带领大家干出来的。

李平金确实是一个干大事的人，尽管铜都酒家生意这么好，但他仍不满足，依靠多渠道继续开拓生意。他利用铜都服务大楼的一楼店面经营化学试剂和玻璃仪器项目。这个行业很少有人进入，但李平金瞄准了这个市场，他认为很多医院、工厂、厂矿都要用到化学试剂。因为做这个行业必须要有一定的专业知识，李平金就聘请三个大学生来专门销售化学试剂和玻璃仪器。正如他所判断的那样，化学试剂生意做得很出色。李平金还利用贵溪冶炼厂的优越条件，做起硫酸生意，开始是用汽车运输，后来发展到用火车槽罐车运输。这时他积累了一些资本，也为开创中快餐饮事业积累了经验。

关于李平金和中快餐饮，我谈两件至今让我记忆犹新的小事。第一件事发生在 2005

年，他当时任中快餐饮董事长，是引领着几千员工的大型餐饮企业的老板。我和他到杭州出差，主要是到杭州下沙大学城谈食堂合作事宜，他约了浙江理工大学的一位后勤老总于下午2点半见面。他吃完午饭时不到1点，就带我来到学校等。我问他："这么早来干吗？"他说："我们等人家好些，不要让人家等我们。"由于他出差疲劳，坐在后勤老总办公室门口的椅子上一下子就睡着了，而且呼噜声特别大。我不忍心马上叫醒他，只好在学校领导来之前叫醒他。他这种开拓市场的精神深深感染着我。

第二件事是关于他的学习精神的。他不但自己学，而且还经常督促我们学，他总是讲"人不学不如物"。2006年，他为了提高我的管理水平，不惜花重金替我报名，让我去学习商业模式。他和我在北京听了几天的课，回来时火车没下铺票，只有中铺和上铺，我睡在上铺。当我凌晨上厕所时，发现他还坐在那里。由于他身高体胖，上下中铺不方便，下半夜上完厕所后他就坐到了天明。当时我特别心疼他，他已经是五十多岁的人了，堂堂的董事长，竟然这样求知若渴，不辞辛劳。这种精神永远会激励我们前行。

虽然他的事业做得很大，但他为人却一直很低调。在家庭中，他是我们的榜样，特别有孝心。他再忙也会去陪母亲，从外地出差回来，总不忘给母亲捎点礼物。他给我们的家训是："勤俭诚信，珍爱家庭，治家创业，教育先行。"

李平金的精神，不仅鼓舞着中快餐饮几万员工一同前进，而且也是中快餐饮的一笔宝贵财富，他永远是我们学习的标杆。

我眼中的李平金与中快餐饮

李润生

李平金是我一向敬重的堂兄，是我们大家族的骄傲，更是带领家人乡邻致富的"领头雁"。从我记事起，他就一直给予我精神和物质上的各种帮助、支持和鼓励，点点滴滴，让我心中一直存有感激，他也成为我一直引以为傲的学习榜样。

由于年龄和身体的原因，也为了中快餐饮事业的长远可持续发展，前些年，他从中快餐饮掌舵人领导岗位上退了下来。平金哥一直想撰写一部个人的传记，将自己几十年奋斗打拼的心路历程与员工、家人和社会分享，以激励更多年轻人好学上进。其扶掖后生情怀之恳切，令人赞佩。我坚定地赞同、支持他这一想法。传记初稿出来后，在他的多次要求下，我认真拜读了赵付春、李淑婷撰写的书稿全文，深受教育与启发，并提出了一些修改意见供平金哥和作者参考，力求使传记脉络更为清晰与完整。

我一向认为，一个人的成功与很多因素有关，偶然中有必然，必然中又有偶然机缘的加持，平金哥的成功也是如此。他的传奇奋斗创业史，他的企业营销理念，堪称中快餐饮的宝贵精神财富。除此之外，他的为人处世方法，他重学习、能吃苦的品质，也使他成为我们家族年轻人学习效仿的榜样。

岁月不居，时节如流，从 1994 年星星餐饮公司在南昌万寿宫商城起步算起，今天的中快餐饮集团已经走过了 26 年不平凡的发展历程，从无到有，从小到大，披荆斩棘，筚路蓝缕，终破茧成蝶，令业界刮目。李平金作为企业的主要创始人，他在中快餐饮迅速崛起的进程中起到的作用无疑是举足轻重的，他堪称中快餐饮这艘团餐大航船的"压舱石"和"稳定器"，居功至伟。

作为 20 世纪 80 年代第一批"下海"的国家干部，平金哥是敢于"吃螃蟹"的第一拨人，他身上有着不同于一般人的思维特质和敏锐的商业眼光。令人不得不佩服的是，他在体制内和体制外都干得风生水起，游刃有余，这绝非偶然。有胆、有识、有谋，能吃苦、尚实干，放得下身段，抹得开面子，敢于冷静乐观迎接挑战，绝不轻易向困难挫折低头，这是他最大的优点，也是他这些年纵横驰骋商海的不二法宝。

由于家境贫寒，作为家中长子，平金哥早早就辍学参加工作，失去了宝贵的读书深造机会。他从十几岁开始就帮助父母分担家庭重担，关心照顾弟妹们的生活起居，尽心扛起了作为大哥的责任。在参加工作的几十年中，尽管工作繁忙，他都一直保持着爱读书爱学习的好习惯，并抓住各种机会进修提升自己。他常说：作为一个创业者，书读得不多已经是个遗憾了，但如果你到了社会上还不读书，那就真的彻底无药可救了。至今，他仍坚持每天读书看报，这种习惯影响带动着身边的每一个人。

艰辛创业路，风雨谁人知，心中无敌者，无敌于天下。要成为一名成功的企业家，眼光、胸怀和实力，三者缺一不可，平金哥可以说是这三样一样都不少，他的成功别人无法简单复制。中快餐饮何以能？中快餐饮何以赢？这是平金哥和他的团队一直在苦苦思考的问题。创业，光有激情和胆气还远远不够，还要有健全的制度、优秀的团队，以及合作共享的赢利模式来保障并支撑企业的良性运转。回顾中快餐饮的发展轨迹，我们不难看出，从最初的街边盒饭售卖起步，到高校食堂市场的全新拓展，再到不断夯实内部管理、提升员工愿景、改善公司治理结构，直至迈入专业化团餐运营体系，中快餐饮几乎步步为营，每一步都走在市场的前面，先人一步，快人一招。从这个意义上讲，中快餐饮的成功无可阻挡。

在长期深耕中国团餐行业的实践探索中，平金哥笃定地认为，"中快餐饮模式"虽然取得了阶段性的成功，但不能轻言满足，只有顺应瞬息万变的市场需求，不断地加以变革创新，才能永葆长久的生命力。企业要发展，员工要成长，管理、服务、用人，以及对外合作，各个方面都需要创新。中快餐饮面临的最大挑战在于用人，中快餐饮最大的突破点也在于用人，而用人首要的在于信任人，给人才提供充分施展才华的舞台。人尽其才，才尽其用，各展所长，各安其位，平金哥深谙此道。他用自己无数次的亲身示范，不断地向他的员工诠释"付出终有回报，努力皆有可能"的商业生存法则，他的创业故事励志感人。

领团餐潮流，创共赢事业，造良性企业，这是中快餐饮的核心企业文化，也是平金哥和他的创业团队长远的发展战略定位。"领团餐潮流"，体现在中快餐饮数年来一直专注于中国的团餐事业，信奉"以顾客为天"的天道，秉承"真材料，放心吃"的真诚服务理念上，它颠覆了人们对食堂的传统认知。"创共赢事业"，体现在中快餐饮商业模式倡导的多赢模式上，它让所有参与其中的各方均能从中受益。"造良性企业"，体现在中快餐饮自我省察、师徒传承和勇于承担社会责任的企业文化和核心价值理念上。中快餐饮人有大格局，中快餐饮人有大情怀，中快餐饮人有大手笔。

平金哥出生在庐山脚下，鄱湖之滨，一方山清水秀之地。如今的他，不仅成了我们老家庐山市的名人，而且还成了中国高校团餐市场上当之无愧的领军人物。《中快餐饮凭什么赢：李平金传》详细记述了这位商界精英可书可写的多彩奋斗人生，他的苦难求学路、他的商海搏击史、他挖到的商海"第一桶金"、他个人真实的心路历程、他倾心构筑的美好团餐蓝图，在传记中都得到了详尽书写。没有谁能够随随便便成功。没有谁的人生不是负重前行。平金哥的人生是一条大胆地试、勇敢地闯的拼搏之路，既轰轰烈烈、跌宕起伏，又坦坦荡荡、真实自然。做人大度，做事认真，低调谦逊，勤俭亲和，这是他多年来一直恪守的为人处世信条。

这就是平金哥，他有着不同于常人的胸怀和格局，他已经创造了中快餐饮的历史，他将继续引领中国团餐事业的发展。在这个不断变革发展的新时代，平金哥和他的创业团队希望能够给中国，乃至全世界的团餐市场带来更大的惊喜，他们一直在努力！

祝贺中快餐饮，祝福兄长，一路踏歌前行！

李平金年表

1953 年 3 月 13 日 （农历正月廿八）	出生于江西省庐山市（原星子县）蓼南乡渚溪村
1959 年至 1965 年	小学读书
1965 年 9 月至 1967 年 8 月	新池农业中学读书
1967 年 9 月至 1970 年 8 月	经营村代销商店
1970 年 9 月	南昌钢铁厂城门山铁矿工人
1973 年 4 月	调江西有色地质勘查局第五大队工人
1974 年 5 月	赴桂林冶金地质学校学习地质，1976 年结业
1976 年 4 月	调江西德兴富家坞铜矿会战指挥部任地质技术员
1976 年 7 月	加入中国共产党。
1977 年 1 月	调会战指挥部任秘书，与林光明合作在《江西日报》发表长篇通讯《社会主义建设的开路先锋——富家坞铜矿会战纪实》
1978 年	借调江西有色地质勘查局"工业学大庆"办公室工作
1979 年	借调江西省经济委员会厂矿长培训班工作，在《江西日报》发表文章《干部应分级培训》
1981 年	被选送到江西省党校理论班参加为期一年的学习
1981 年 6 月	在《求实》杂志发表《谈谈学习马列经典著作的方法》
1982 年至 1983 年	调江西有色地质勘查局宣传部任干事
1982 年 2 月	在《江西省科社学会首届年会论文集》中发表《谈谈马恩对社会主义社会的设想与我国的现实》
1984 年至 1985 年	调江西有色地质勘查局党委办公室任秘书
1985 年	调江西有色地质勘查局印刷厂任厂长

7 月	江西师范大学自学考试大专班毕业
1986 年	兼任江西有色地质勘查局招待所所长
1988 年 1 月至 1989 年 12 月	停薪留职,承包贵溪市铜都服务大楼,任经理; 在贵溪市、赣州市、新余市、南昌市连锁经营化学试剂和 玻璃仪器
1990 年 1 月至 1994 年	调江西有色地质勘查局总务处任处长;与弟弟李五星在南 昌万寿宫商场、洪城大市场开展床单、被服用品批发生意 与弟弟李四星承包南昌市万寿宫商城工商处食堂
1995 年至 2001 年	调江西有色地质勘查局物资处任处长兼任江西东南水利 疏浚公司总经理。在赣江、钱塘江、长江建设防洪大堤 工程
1997 年 8 月	在蓝天学院校园外开快餐店
1999 年 2 月	承包蓝天学院食堂
2000 年 5 月	承包南昌大学第二食堂
8 月	承包华东交通大学食堂、江西民政学校食堂、江西财经 大学食堂、江西统计学校食堂、南昌大学第五食堂
2001 年	引入"A 管理模式"系统 获人事部全国人才交流中心颁发的"高级商务策划师" 职称
2004 年 4 月	李四星带队去深圳开拓市场,收购深圳兴联兴餐饮公司, 承包中兴通讯食堂、国威电子厂食堂
2005 年 4 月	赴浙江承包浙江理工大学食堂、浙江宁波万里学院食堂、 浙江纺织学院食堂,赴苏州承包苏州科技学院食堂 当选为中国烹饪协会常务理事
8 月	赴上海承包复旦大学张江校区食堂
2006 年	承包上海中医药大学食堂 受聘为江西财经大学企业管理客座教授
2007 年至 2009 年	在上海海事大学就读在职工商管理研究生班,获硕士学位

2009 年	组建天津、陕西、湖北和福建四家公司 编著《现代食堂管理》 受聘为北京师范大学特许经营学院客座教授
2010 年	任中快餐饮集团党总支书记 受聘为扬州大学旅游烹饪学院"创业导师"
2009 年至 2011 年	在武汉大学就读在职公共经济博士
2011 年 4 月	在《高校后勤研究》发表《高校引进社会餐饮企业存在的问题及其对策探讨》
2013 年	当选中国教育后勤协会常务理事
4 月	在《高校后勤研究》发表《形成竞争机制是高校后勤社会化改革成功的途径》
8 月	参与编写《新时期中国高校后勤管理创新的理论与实践》
12 月	因年满 60 岁辞去董事长一职
2014 年至 2020 年	任中快餐饮集团党委书记 赴宁夏和新疆承包高校食堂，基本完成全国各省、区、市高校食堂连锁经营网络
2015 年至 2017 年	荣获中国烹饪协会"中国餐饮企业家"称号 受聘为江西财经大学工商管理专业研究生导师
2016 年	荣获中国教育后勤协会"高校伙食工作突出贡献人物"奖 当选江西省企业家协会副会长
2017 年	受聘为中国教育后勤协会"伙食管理专业委员会专家工作组"成员和"标准化技术委员会"委员
2018 年	荣获中国烹饪协会"餐饮企业家社会责任突出贡献人物"奖 受聘为中国管理科学研究院餐饮连锁经营专业学术委员
2019 年	当选中国烹饪协会团餐委员会副主席 受聘为教育部大学生创新创业大赛评委
2020 年 3 月	当选为深圳市团餐协会党支部书记，被全国工商联聘任为餐饮业委员

中快餐饮发展历程

1994 年 3 月 18 日	万寿宫商城快餐在南昌市万寿宫创办成立，在餐饮市场经过 5 年的不断摸索和总结，最终确定专注团餐。
1999 年	万寿宫商城快餐更名为南昌星星餐饮有限公司，承包经营蓝天学院食堂
2000 年	在江西承包经营了南昌大学、华东交通大学、江西财经大学和江西省委机关等单位食堂 20 家，形成江西省内团餐连锁企业的品牌。
2004 年	公司开始进军全国团餐市场，收购深圳兴联兴餐饮公司，经营食堂 26 家。中共星星餐饮公司党支部成立。
2005 年	上海公司、浙江公司成立，经营食堂 34 家。
2006 年	南昌星星餐饮有限公司名称变更为中快餐饮集团，湖南公司、江苏公司成立，经营食堂 68 家；中共星星餐饮公司党支部更名为中共中快餐饮集团党总支部。
2007 年	安徽公司成立，经营食堂 96 家。
2008 年	河南公司成立，经营食堂 96 家。
2009 年	陕西公司，天津公司、福建公司、湖北公司同时成立，经营食堂 164 家。
2010 年	山西公司成立，经营食堂 199 家。
2011 年	山东公司、四川公司成立，经营食堂 241 家。
2012 年	北京公司、黑龙江公司成立，经营食堂 295 家。陆续成立为团餐服务的调味公司、小米姑娘公司、面夫子公司、面行人公司、米掌门公司等单品企业。
2013 年	广西公司，云南公司成立，经营食堂达到 362 家。
2014 年	经营食堂 395 家，集团架构划分为华南大区、华中大区、华北大区 3 大区管理。新成立了中禾百年餐饮总公司，

	专业经营中小学食堂；中康餐饮总公司，专业经营医院食堂。
2015 年	经营食堂达到 500 多家，除西藏外，中快在全国各省、区、市都成立了子公司，员工 30000 余人。中共中快餐饮集团党委成立。
2016 年	经营食堂 600 多家，中快餐饮集团董事长李平金被中国教育后勤协会授予"高校伙食突出贡献人物"荣誉称号。
2017 年	经营食堂 650 多家，中快餐饮集团参与中国教育后勤协会《高等学校学生餐饮社会化管理服务规范》起草工作。
2018 年	启动"农校对接精准扶贫窗口"项目，荣获高校后勤文化建设优秀标杆单位。
2019 年	中快餐饮集团总工会、团委会成立。集团办公迁入深圳紫云大厦。
2020 年	中快餐饮集团总共经营网点 2500 个，拥有员工 40000 余人。疫情期间，集团派出 5 批人员支援湖北医院食堂，捐赠物资 100 万元。

参考文献

[1] 陈俊竹.A 餐饮集团同心多元化战略发展研究.上海交通大学硕士论文,2013

[2] [德] 马克斯·韦伯.新教伦理与资本主义精神.于晓,陈维刚,等,译.北京:生活·读书·新知三联书店,1992.7

[3] [加] 亨利·明茨伯格,布鲁斯·阿尔斯特兰德,约瑟夫·兰佩尔.战略历程:纵览战略管理学派.刘瑞红,徐佳宾,郭武文,译.北京:机械工业出版社,2001.9

[4] 李平金.谈谈马恩对 社会主义的设想与我国的现实.江西省科社学会首届年会论文集,1982.2

[5] 李平金.现代食堂管理.北京:北京大学出版社,2009.10

[6] 李平金,李五星.高校餐饮服务的"中快餐饮模式".高校后勤研究,2018.12:16-17

[7] 刘梅.改革开放以来江西省民办高校的发展研究.江西师范大学硕士论文,2008

[8] 孔子.论语.北京:中华书局,2006.12

[9] [美] 彼得·圣吉.第五项修炼.郭进隆,译.上海:上海三联书店,1998.7

[10] [美] 彼得·德鲁克.创新与创业精神.张炜,译.上海:上海人民出版社,2002.9

[11] [美] 彼得·德鲁克.管理的实践.齐若兰译.北京:机械工业出版社,2006.1

[12] [美] 彼得·德鲁克.管理——任务、责任、实践.孙耀君,等,译.北京:中国社会科学出版社,1987.6

[13] [美] 詹姆斯·柯林斯,杰里·波勒斯.基业常青.真如,译.北京:中信出版社,2002.5

[14] [美] 约瑟夫·熊彼特.经济发展理论.何畏,易家详,译.北京:商务印书馆,1990.1

[15] 任正非.CEO 寄语:"力出一孔,利出一孔".华为投资控股有限公司 2012 年报

[16] [日] 涩泽荣一.论语与算盘.王中江,译.北京:中国青年出版社,2012.4

[17] 吴晓波.吴敬琏传:一个中国经济学家的肖像.北京:中信出版社,2010.2

[18] 许倬云.从历史看领导.北京:生活·读书·新知三联书店,1994.6

[19] 张维迎.市场的逻辑.上海:上海人民出版社,2010.7

[20] 郑伯壎.差序格局与华人组织行为.本土心理学研究,1995 年第 3 期

[21] 中快餐饮内部各类资料,包括《当家人》(历年)、《中快餐饮百人小传》(2012)、《中快餐饮人物小传》(2015)、《中快餐饮报》(历年)等

[21] 江南.浙江:三年崛起大学城.中国教育,2000 年